Paroles
de tout-petits

Graciela C. Crespin

Paroles de tout-petits

À l'écoute des enfants en crèche

Albin Michel

Collection « La Cause des bébés »

Aux auxiliaires de la crèche Charles-Perrault,
à Clémence et Pierre, mes enfants,
et à tous les enfants que j'ai rencontrés,
car ils m'ont tout appris.

Introduction

Lorsque je suis arrivée, à la fin des années 1970, psychologue fraîchement diplômée, dans des crèches d'un département de la région parisienne, la place et surtout la fonction du psychologue étaient loin d'être bien définies. Ce flou était parfois gênant – certaines demandes institutionnelles me semblaient inacceptables –, mais il constituait aussi un espace de liberté, et je le vécus comme tel : c'est dans cet espace que je me suis longuement cherchée et que ma pratique a pu se déployer.

Cet espace de liberté m'a permis d'exercer mon métier de psychologue en référence à la psychanalyse, en cheminant avec les équipes qui ont partagé cette aventure avec moi. J'ai dû me résigner à en quitter certaines, lorsque nous n'avons pas réussi à nous entendre sur une articulation possible. D'autres ont accepté de se transformer et m'ont transformée à leur tour.

Durant tout ce parcours, chaque expérience m'a enrichie. Dans les pages qui suivent, je m'efforcerai de restituer ce qu'elles m'ont apporté et appris. Le propos de ce livre est de cerner comment l'écoute analytique peut conférer un autre relief aux épisodes apparemment minces de la vie quotidienne. Ce travail humble et persévérant, dans l'ombre, donne une épaisseur à la notion de prévention précoce, en ce sens qu'il travaille en amont du symptôme et peut aller jusqu'à changer le destin de certains enfants.

I

Un peu d'histoire

À leurs lointaines et obscures origines au milieu du XIXe siècle, à une époque qui considérait comme répugnants les soins de la petite enfance, les crèches sont apparues avec pour objectif de relayer les mères pauvres des classes travailleuses, car le groupe familial élargi qui, jusque-là, avait assuré l'élevage des enfants en milieu populaire se trouvait démembré suite au processus d'industrialisation.

Dans ces premières crèches, la mortalité reste très élevée. C'est pourquoi elles ont beaucoup de mal à s'implanter et, jusqu'au début du XXe siècle, fort peu d'établissements sont créés. Elles sont la cible de critiques qui dénoncent leurs difficultés à appliquer les nouvelles normes d'hygiène pasteurienne et leur incapacité à améliorer l'état de santé des enfants qui leur sont confiés – et ce, même si ces enfants sont perçus comme « issus d'une population spéciale, population travailleuse et besogneuse, qui semblait affligée de tares héréditaires[1] », comme l'exprime une étude datant de 1902 !

Au lendemain de la Première Guerre mondiale, les transformations du marché du travail par l'application de la loi des huit heures, ainsi que l'arrivée d'une nouvelle génération de médecins, permettent, sur le plan de la diététique et des conditions d'hygiène, des progrès qui s'accompagnent, dès les années 1930, du contrôle des épidémies par la vaccination, en particulier à partir de l'apparition du BCG.

C'est la période hygiéniste, qui dure jusqu'au lendemain de la Seconde Guerre mondiale. Elle voit la création des dispensaires et la multiplication des crèches, qui obéissent à l'exigence première d'assurer la survie et le développement physique des bébés qui leur sont confiés en garde. D'ailleurs, on voit mal comment elles auraient pu concevoir autrement leur rôle, compte tenu de la manière dont on considère le bébé jusqu'au milieu du XXe siècle : le nourrisson, depuis sa naissance et pendant les premiers mois de sa vie, n'est qu'un être végétatif, sans pensée ni affectivité – bref, un simple tube digestif.

Ainsi, en 1945, aux débuts de la protection maternelle et infantile en France, la tâche des crèches est définie comme essentiellement sanitaire. Elles sont une annexe

---

1. Liane Mozère, *Le Printemps des crèches*, L'Harmattan, 1992, p. 48.

des hôpitaux où on lutte contre les maladies et la mort. Les règles d'hygiène et de diététique y sont strictes et les parents interdits de séjour, au nom de la protection contre les germes. L'enfant passe, nu, des mains de son parent, de son univers familial à l'univers de garde, à travers un guichet, symbole de l'étanchéité de ces deux univers, qui se côtoient sans se rencontrer. Aussitôt vêtu d'habits de crèche, il entame une journée rythmée par les contraintes collectives et les séances-pot, où très peu de place est réservée aux activités d'éveil et aux liens entre l'adulte et l'enfant ou entre les enfants. Les parents sont soigneusement tenus à l'écart de la vie de l'enfant et du fonctionnement de l'institution.

Cette situation semble être le vestige d'une lointaine époque, et pourtant elle a perduré jusqu'aux années 1960, voire au-delà – peut-être même que certains établissements, non sans rougir un peu, s'y retrouveraient encore !

Le chemin parcouru depuis, même s'il n'est pas homogène, est évident : les progrès de la pédiatrie ont éloigné le spectre terrifiant de la mortalité infantile et un certain nombre d'idées de psychologie et de pédagogie ont révolutionné la conception du nouveau-né et de l'enfant : le *bébé* est né ! Il n'est plus ce tube digestif dont on s'occupait avec des gestes savants mais impersonnels, il est devenu une personne. Et s'occuper de lui, tâche dégradante, est devenu une fonction valorisée.

Les théories qui ont révolutionné les crèches, de 1950 à nos jours

Dans ce parcours, la psychanalyse a joué un rôle déterminant. Dès les années 1920, Melanie Klein bouleverse les conceptions classiques du nourrisson, en le présentant comme un être doté d'emblée d'une vie affective et fantasmatique. En cela, elle dépasse rapidement la conception du bébé freudien, qui s'attachait secondairement à la figure maternelle, par étayage de l'amour sur la satisfaction de ses besoins.

Mais ces conceptions, révolutionnaires pour l'époque, restent confinées aux cercles des psychanalystes et des spécialistes de la santé mentale. Il faut attendre pratiquement les années 1950 pour qu'un faisceau d'observations et d'études aboutisse à des théories concernant le développement du nourrisson et les débuts de la vie psychique. Leur retentissement, pourtant très grand, mettra encore une vingtaine d'années avant de modifier la réalité des institutions sur le terrain.

Dans les années 1940, à Londres, Anna Freud et Dorothy Burlingham observent les dégâts causés sur les bébés par les séparations et les traumatismes de la guerre. Dans leur sillage, René A. Spitz, un psychanalyste d'origine autrichienne arrivé aux États-Unis dans l'immédiat après-guerre, entreprend une série d'observations à l'origine de son livre *De la naissance à la parole*[1]. Cet ouvrage a profondément marqué l'époque et durablement influencé nombre de professionnels et d'institutions de la petite enfance.

Il faut rendre hommage à Spitz d'avoir le premier identifié, dans les conditions institutionnelles, la qualité des soins, au sens de l'investissement de la relation, comme un facteur essentiel, déterminant, non seulement de la santé psychique, mais aussi de la survie tout court. Comparant deux institutions où il effectue ses observations, après avoir établi que les règles d'hygiène, de sécurité, de diététique et de surveillance médicale y sont bien respectées, Spitz écrit : « La différence essentielle entre la Pouponnière et les Enfants abandonnés résidait dans les soins dont les enfants bénéficiaient. [À la Pouponnière] chaque mère nourrissait et soignait son propre enfant et si, pour une raison quelconque, on devait l'en éloigner, elle était remplacée par une autre mère ou alors par une des pensionnaires enceintes qui faisait ainsi son apprentissage. Chaque nourrisson bénéficiait donc à temps complet des soins de sa propre mère, ou au moins de ceux d'un substitut choisi par la très capable infirmière-chef qui essayait de ne confier l'enfant qu'à une femme qui l'aimait bien. [Aux Enfants abandonnés, les bébés étaient allaités par leur mère – ou une autre femme allaitante – jusqu'à trois mois, âge auquel] les bébés

1. René A. Spitz, *De la naissance à la parole*, PUF, 1968.

étaient installés dans leur cabine personnelle et soignés par les cinq infirmières de l'institution. Arithmétiquement, cela représente une infirmière pour un peu plus de sept enfants. [Mais en pratique il en allait autrement, du fait de la participation des infirmières à de nombreuses autres tâches ;] en conséquence, chaque enfant disposait dans la meilleure des hypothèses d'un dixième du temps d'une infirmière, d'un dixième de substitut maternel, d'un dixième de mère. »

Spitz ajoute d'autres observations fort pertinentes sur les pratiques institutionnelles aux Enfants abandonnés : « Pour faire tenir les petits tranquilles, les infirmières entouraient leurs berceaux de draps de lit, les coupant complètement du monde extérieur, les laissant seuls dans leur cabine avec le plafond pour tout horizon[1]. » Ainsi il met déjà en évidence que la question n'est pas seulement le nombre d'adultes par enfant, mais aussi *comment* on gère les absences inévitables de l'adulte qui s'occupe de l'enfant.

Les descriptions de Spitz sont très impressionnantes : la séparation entre le sixième et le huitième mois d'avec une mère satisfaisante se traduit quelque temps après par l'apparition de l'état qu'il appelle dépression anaclitique, et si « l'enfant qui souffre de dépression anaclitique reste privé de sa mère au-delà de trois à cinq mois sans pour autant bénéficier de la présence d'un substitut accep-

1. *Ibid.*, p. 22 et sq.

table, on observe une aggravation de son état. Si la mère revient pendant cette période, la plupart des enfants se remettent, mais je doute que cette guérison soit totale ». Par contre, « si la séparation dépasse cinq mois, toute la symptomatologie change du tout au tout et [l'enfant] semble sombrer dans le syndrome au pronostic sévère que j'ai décrit sous le nom d'hospitalisme[1] ».

Spitz ne doute pas de l'étiologie de ces états gravissimes : « C'est la séparation de l'enfant de son objet libidinal qui en serait la cause[2]. » Selon lui, l'objet libidinal était la mère biologique, bien qu'il souligne : en l'absence d'un « substitut acceptable » pour le bébé. Nous voilà de plain-pied dans la question cruciale de la suppléance, de l'absence ou de la défaillance des parents, c'est-à-dire de la qualité du travail des institutions !

À la même période, en France, Jenny Aubry arrive à Parent-de-Rosan, annexe du Dépôt de l'Assistance publique de Denfert-Rochereau, à Paris, qui accueille, après la Seconde Guerre mondiale, orphelins et enfants abandonnés dès la naissance. La situation est alarmante : « La plupart des enfants étaient dans leur lit, les uns pleuraient bruyamment, d'autres paraissaient mornes et tristes, d'autres se balançaient toute la journée, d'autres suçaient pendant des heures le bord de leur berceau, certains ne réagissaient à rien. [...] Ceux qui étaient levés,

1. *Ibid.*, p. 209 et *sq*.
2. *Ibid.*, p. 211.

réunis à vingt ou trente dans la même pièce, étaient constamment destructeurs. Le personnel, découragé, essayait de maintenir un minimum de propreté, ne s'intéressait guère à sa tâche et changeait souvent. Les enfants n'étaient connus que sous un numéro ; la morbidité était élevée et les hospitalisations fréquentes[1]... »

Face à l'état déplorable des enfants, Jenny Aubry adopte une démarche originale, inspirée de la psychanalyse, qui allie mobilisation du personnel et écoute analytique des enfants. Il s'agit, de toute urgence, de lutter contre l'anonymat et de redonner à ces enfants un statut de sujet. La rémission observée chez de nombreux enfants est quasi « miraculeuse ». Pourtant, la position de Jenny Aubry vis-à-vis des pouponnières, reste sévère. En 1985, elle dit encore : « J'y suis hostile. Dans les meilleures crèches résidentielles, il y a une infirmière pour quatre ou cinq enfants. Quand une femme a des quintuplés, on l'aide. Là, les infirmières ont des quintuplés, et en plus, il y a trois équipes dans la journée. Elles travaillent huit heures par jour, cinq jours par semaine. En conséquence, elles s'absentent et sont remplacées. Il n'y a donc aucune stabilité. »

À la même époque, à Londres, John Bowlby jette l'ébauche de sa théorie de l'attachement[2] qui postule

1. Jenny Aubry, *Enfance abandonnée : la carence de soins maternels*, Scarabée et compagnie, 1983.

2. Voir à ce propos la récente étude de Nicole et Antoine Guedeney, *L'Attachement : concepts et applications*, Masson, 2002.

déjà, même si c'est sur fond d'éthologie et de comportementalisme, que le besoin d'attachement est inné et primaire chez le petit d'homme. Cette théorie contribuera puissamment à la prise de conscience de l'importance des conditions environnementales. À ce titre, elle compte parmi celles qui ont le plus modifié les pratiques dans les hôpitaux et dans les institutions accueillant de jeunes enfants.

Le cheminement depuis 1970

Tous ces travaux ont eu un retentissement paradoxal : s'ils réveillent les professionnels et les institutions sur leur responsabilité face aux conditions qu'ils créent, ils les lestent aussi d'un à-priori péjoratif : professionnels et institutions apparaissent comme des pis-aller par rapport à la mère biologique, idéalisée et créditée de toutes les qualités.

Il faut attendre plusieurs décennies avant qu'émerge une conception de l'environnement qui ne le réduise pas à la mère biologique idéalisée et irremplaçable. Or ce lieu, que j'appelle le lieu de l'Autre, ou champ de l'Autre[1], est un univers symbolique qui déborde celui ou celle qui en tient lieu pour le nouveau-né. Il est d'emblée

1. Je fais ici allusion au concept d'Autre élaboré par Jacques Lacan. Pour avoir un aperçu de ce concept, on peut consulter le *Dictionnaire de psychanalyse*, dir. R. Chemama, B. Vandermersch, Larousse, 2003.

constitué, en plus de la mère, par le père et les autres membres de l'entourage proche de l'enfant.

D'autres auteurs viennent à ce propos apporter leur indispensable contribution : Winnicott et sa mère « suffisamment bonne », qui marque l'avènement de l'espace transitionnel ; Dolto et son « tout est langage », qui attribue à la force symboligène de la parole le pouvoir de tout guérir, y compris le manque de mère ; sans oublier Lebovici et sa logique circulaire des interactions précoces, qui accorde au bébé une place à part entière dans les échanges. Dans le domaine de la pédiatrie, Brazelton, avec les « compétences du nouveau-né », conforte cette nouvelle conception du bébé comme une personne, prenant une part active dans la relation primordiale.

Pour s'occuper d'un bébé en crèche, il ne suffit donc plus d'accomplir des tâches, aussi valorisantes et bien faites soient-elles. Il faut surtout se demander comment et de quelle place on peut s'occuper d'un enfant dont on n'est pas la mère. À cette question, les nombreuses institutions que j'ai rencontrées ont apporté différentes réponses, les meilleures et les pires.

2

De la « bonne mère » à la « bonne institution » ?

Irène Lézine, une des premières psychologues à s'être occupée des institutions de la petite enfance, ne mâche pas ses mots. Pour elle, le problème de l'institution n'est pas de pallier ses insuffisances structurales devant une mission de toute façon impossible : se substituer à la mère. Il s'agit d'explorer les possibilités de créer, dans l'institution, des réponses adaptées aux jeunes enfants. Et, avec humour et pertinence, elle n'hésite pas à dire que « la plupart des comparaisons se font entre une bonne famille et une mauvaise organisation collective et jamais entre une mauvaise famille et une bonne organisation collective[1]... »

1. Irène Lézine, « Les soi-disant carences affectives », in *Petite Enfance*, CERM, 1975 ; cité par L. Mozère, *Le Printemps des crèches*, *op. cit.*, p. 89.

L'expérience de Loczy

Au début des années 1970, une expérience, qui se présente comme la « bonne institution », fascine les professionnels de la petite enfance : celle que les Drs E. Pikler et J. Falk mènent à l'Institut national de méthodologie des maisons d'enfants de zéro à trois ans, plus connu sous le nom de sa rue, Loczy, à Budapest.

Au printemps 1971, M. David et G. Appell lui rendent visite. Leurs observations, recueillies durant quinze jours, donnent lieu à un rapport, puis à l'ouvrage *Loczy ou le maternage insolite*[1], qui influencera durablement professionnels et institutions de la petite enfance, en particulier en région parisienne, où certaines pouponnières et crèches adaptent, sinon adoptent, plusieurs principes éducatifs de Loczy, avec des fortunes diverses[2].

Comparant la méthode éducative mise au point par les Drs E. Pikler, J. Falk et leur équipe aux pratiques en France à la même époque, M. David et G. Appell remarquent : « L'expérience de Loczy était tout particulièrement intéressante parce que le Dr Pikler a fait une option claire, fondamentale : si un jeune enfant ne peut être

1. Myriam David et Geneviève Appell, *Loczy ou le maternage insolite*, Scarabée, 1973.

2. En particulier la pouponnière de Sucy-en-Brie et de nombreuses crèches du Val-de-Marne.

élevé par sa mère, la relation maternelle ne peut pas être reproduite, mais il est possible de lui offrir dans le cadre d'une collectivité une expérience de nature tout à fait différente qui favorise son plein développement[1]. »

Quelle est donc cette « expérience de nature tout à fait différente », que M. David et G. Appell appellent « maternage insolite » ? C'est une approche centrée sur l'enfant où un certain nombre de règles sont censées induire, chez l'adulte, une implication constante mais sans référence aux affects. L'adulte est ainsi uniquement sollicité dans ses capacités d'observation et de disponibilité vis-à-vis de l'enfant dont il s'occupe.

Cette démarche établit une division rigoureuse entre les « activités sans intervention de l'adulte » (jeux libres, intersoins) et les « soins où l'adulte se consacre entièrement à l'enfant » et est en constante communication verbale avec lui – et qui comprennent tous les moments forts de l'échange : bain, change, repas. Cette alternance favorise l'instauration d'une relation privilégiée, parce qu'elle permet à la nurse de se consacrer entièrement à chaque enfant lors des soins, en étant dégagée des sollicitations des autres.

Mais elle introduit une distance dans la relation avec l'enfant, le limitant « dans toute demande d'attention supplémentaire, ou de proximité plus grande dans la

1. M. David et G. Appell, *Loczy ou le maternage insolite*, *op. cit.*, p. 15.

relation[1] ». M. David et G. Appell décrivent comment l'autonomie motrice et comportementale, d'une part, l'indépendance affective, d'autre part, sont constamment encouragées et soutenues, alors que toute quête affective à l'endroit de l'adulte est gentiment découragée. De manière très intéressante, elles en observent les conséquences : « Il nous semble que cette tolérance des enfants entre eux et cette capacité à profiter les uns des autres trouvent leur source dans la relation sécurisante mais distante que chaque enfant a avec ses nurses. Peu dépendants dans les périodes hors soins et, semble-t-il, suffisamment comblés au moment des soins, ces enfants n'entrent pas en rivalité pour la possession de la nurse. »

Évaluant les risques de cette méthode, M. David et G. Appell remarquent que les enfants « ne connaissent pas vraiment les adultes. De sa nurse, l'enfant n'appréhende que sa façon d'être avec lui. Il ne la connaît que dans cette relation très particulière, où elle se consacre exclusivement à lui et aux autres enfants, toujours sur le même mode. Il n'a pas accès aux autres aspects de sa vie et surtout il n'est pas mêlé à ses autres relations, et surtout à la relation affective complexe du couple parental[2] ».

De mon côté, j'ai pu observer que la plupart des équipes tentant de reproduire le modèle de Loczy s'atta-

1. *Ibid.*, p. 153.
2. *Ibid.*, p. 161.

chaient à tel ou tel aspect pratique de la méthode, comme si son application pouvait suffire à elle toute seule à garantir la *place symbolique* nécessaire à chaque enfant : celle dont parlait Bettelheim à propos des enfants élevés au kibboutz[1], celle qui est assurée par le *portage psychique* d'après Winnicott.

Toutes les prescriptions – systématiquement dire aux enfants ce qu'on leur fait, ce qui pouvait vite tourner à la ritournelle ; respecter des tours de rôle, ce qui appliqué à la lettre pouvait tourner au cauchemar ; ou ne jamais les toucher en dehors des soins, ce qui pouvait ressembler à de la maltraitance ; ou leur faire faire la sieste dehors quels que soient le temps et l'environnement (même sur une terrasse surplombant une autoroute !) –, toutes ces prescriptions pouvaient tourner à vide, parfois appliquées comme un mode d'emploi, mécaniquement, par un personnel qui ne comprenait pas toujours ce qu'il faisait et ne pouvait, de ce fait, ni adhérer à de telles prescriptions ni les contester !

Ainsi appliquée, l'approche de Loczy était vidée de son inspiration d'origine : maintenir la réflexion sans cesse en alerte dans le travail des maternantes. À Loczy, tous les jours, les équipes se réunissaient pour parler des enfants, commenter leur comportement et réfléchir. Le fait de penser l'enfant est, à mon sens, ce qui explique les résultats de Loczy, quelles que soient les prescriptions de

1. Bruno Bettelheim, *Les Enfants du rêve*, Laffont, 1971.

la méthode. En effet, elle fonctionnait comme un portage psychique – Winnicott a montré qu'il ne suffit pas de porter physiquement un enfant, il faut aussi le porter psychiquement, dans sa tête, pour permettre l'émergence de sa vie psychique.

À Loczy revient le mérite d'avoir pointé que la place de la maternante, qui n'est pas celle de la mère, doit être porteuse d'un investissement. Néanmoins, la méthode laissait en suspens la question des affects. Je voyais quotidiennement les professionnels tâtonner en se demandant s'il fallait embrasser les enfants, les prendre dans les bras, s'attacher à eux – mais jusqu'où ? Ne risquaient-ils pas de se substituer aux parents ? Là était le plus grand des dangers ! Il fallait aimer les enfants, mais pas trop ! Ainsi posé, le problème était évidemment insoluble, car nous étions entre Charybde et Scylla :

– il fallait éviter le danger *suprême*, qui était de prendre leur place aux parents : du coup la prescription était de ne pas s'attacher aux enfants, de ne pas les embrasser, au risque de rendre les soins mécaniques, voire anonymes ;

– mais il fallait aussi éviter d'être trop dans les affects, de s'attacher aux enfants d'une manière spontanée, au premier degré, car on s'exposait aux conséquences habituelles : l'apparition de « chouchous », les enfants qui deviennent « *mes* enfants », avec les phénomènes de débordement fusionnel et réactions de rejet corrélées inévitables !

La question particulièrement difficile à résoudre sans tomber dans les modes d'emploi était celle de penser la place des professionnels par rapport à celle des parents.

Le bébé et l'Autre de la relation primordiale

C'est à la notion de champ de l'Autre[1] que je fis appel pour m'attaquer à cette difficulté.

Pour devenir sujet, le nouveau-né a besoin de s'articuler avec un univers symbolique, le champ de l'Autre. Cette articulation précède la naissance conçue comme l'expulsion biologique : un bébé existe avant sa conception, dans le désir de ses parents.

Le processus fort complexe par lequel un nouveau-né devient un sujet, c'est-à-dire s'approprie le statut de sujet qui, dans les situations favorables, lui est d'emblée attribué au champ de l'Autre[2], nécessite un certain nombre de qualités, aussi bien du côté du bébé que du côté de l'Autre. Pour que la rencontre se produise, il faut, du côté du bébé, une appétence symbolique et une capacité à entrer en contact ; du côté de l'Autre, une place symbolique viable et un investissement libidinal – autrement dit, il faut du désir pour ce bébé.

1. Voir *supra*, p. 19, note.
2. Cela signifie que, la plupart du temps, les parents pensent que leur bébé « est une personne », avant même qu'il ne devienne capable de parler et de penser par lui-même.

Mais imaginons un bébé bien porté sur le plan biologique et sur le plan psychique, dont les parents ne peuvent s'occuper à la naissance (comme, soit dit en passant, cela s'est produit pour des générations d'enfants dont les mères mouraient en couches). En cas d'adoption ou de placement de l'enfant à la naissance, la parentalité biologique et la parentalité symbolique sont, de fait, distinctes[1]. Cela met en évidence le fait que, lorsque c'est le couple géniteur qui élève son enfant, même s'il y a cumul, parentalité biologique et parentalité symbolique sont distinctes.

Cette manière de concevoir le processus d'entrée d'un bébé dans l'univers symbolique a l'avantage de laisser place, dans le champ de l'Autre, à d'autres personnes, pour peu qu'elles investissent le bébé et soient investies durablement par lui.

Le champ de l'Autre est donc constitué par les parents et l'entourage proche de l'enfant, mais aussi par l'institution, et surtout les personnes s'occupant de l'enfant au quotidien.

1. Pour tout enfant, il y a des parents biologiques, ou géniteurs, qui transmettent la vie ; les parents du nom, qui permettent d'entrer dans la filiation, l'identité, l'appartenance au groupe ; des parents symboliques, qui assurent la transmission, qui permettent de grandir. Dans les situations favorables, ces trois couples de parents n'en font qu'un. Mais pour combien de bébés cela n'arrive pas ! Sans aller chercher dans les défaillances parentales graves ou les accouchements sous X, il suffit d'évoquer le nombre croissant de parents isolés ou de couples dissociés et recomposés, où aucun parent n'est ni le géniteur ni le parent de la filiation de l'ensemble de la fratrie !

À partir de là, il est possible de penser la place des professionnels comme entrant dans la série des parents symboliques pour un enfant. La plupart du temps, ils n'y sont pas seuls, car les professionnels des crèches ou des modes d'accueil de jour ne prennent le relais des parents – normalement présents et assumant leur enfant – que ponctuellement, pendant leur absence. Mais ce temps est suffisamment important – en moyenne dix heures par jour, cinq jours sur sept, onze mois sur douze – pour que cette prise de relais ait un impact important dans la structuration de l'enfant. Les personnels de pouponnière et les familles d'accueil à temps complet, par contre, doivent complètement relayer, dans sa fonction symbolique, le parent absent et/ou défaillant, sans toucher pour autant à sa place de parent géniteur et de parent de la filiation.

Le désir du professionnel différent du désir des parents : qu'est-ce à dire ?

Comment penser l'implication si particulière du professionnel, qui doit à la fois investir l'enfant et ne pas se l'approprier, l'accompagner sans espérer, en retour, de ressemblance ni de reconnaissance ?

Pour travailler cette question avec les équipes d'auxiliaires, je me réfère souvent à un passage fameux de *Blanche Neige*, celui où la Reine, marâtre de Blanche Neige, se regarde quotidiennement dans son miroir :

« Miroir, mon beau miroir, dis-moi qui est la plus belle ? », attendant la seule réponse admissible : « C'est vous, ma Reine, la plus belle. » Qui est la reine ? C'est la question que je pose habituellement aux auxiliaires. Et face à leur silence perplexe, je lance : « Mais c'est la mère, voyons, et le miroir, c'est l'enfant ! »

C'est la mère qui se mire dans les yeux de son enfant pour y trouver qu'elle est la plus belle, et son investissement est soutenu par cette image d'elle qui lui revient du bébé ! Pour cela, bien sûr, il faut aussi que son enfant soit le plus beau, la beauté de l'enfant et celle de la mère n'en faisant qu'une, puisque, à l'origine, le bébé est capté dans cette image que la mère pose sur lui[1].

De ce rapport narcissique réciproque, le parent tire à la fois sa force et sa fragilité. Si l'image qui lui revient du bébé n'est pas celle qu'il espère, il sera déstabilisé. Si elle le confirme à sa place de bon parent, il sera renforcé.

Nous, les professionnels, devons réussir à nous occuper d'enfants qui ne nous gratifient pas forcément, et pas seulement de ceux dont nous tirons satisfaction ! Nous devons investir notre relation avec eux en nous soutenant d'un autre rapport que la satisfaction narcissique. Nous devons renoncer à ce qu'ils nous ressemblent et nous soient reconnaissants des progrès accomplis. Par exemple, une auxiliaire qui accueillerait

1. Voir à ce propos le très bel article de Winnicott, « Le rôle de miroir du visage de la mère et de la famille dans le développement de l'enfant », in *Jeu et réalité*, Payot, 1998.

triomphalement les parents avec un « Il marche ! » mettrait à mal leur besoin narcissique de reconnaissance. Tant il est vrai que la rivalité imaginaire s'articule à la question de la reconnaissance.

C'est en cela que nous ne serons jamais des parents, même si nous en relayons la fonction. Nous devrons nous soutenir d'une satisfaction[1] qui sera celle d'avoir participé à la construction de l'enfant, de l'avoir accompagné dans ses difficultés, ce dont nous pourrons tirer une légitime fierté.

Mais pour que tout cela devienne sensible, il faut une réflexion sans relâche, une pensée vivante qui donne du sens à ce que nous faisons auprès de l'enfant. C'est ce qui doit fonder la réflexion en équipe, un travail de Pénélope, toujours à recommencer…

1. Il n'est pas inutile de rappeler aussi que les professionnels sont toujours rémunérés pour s'occuper d'un enfant.

3

Des lieux pour penser

Les professionnels étant de plus en plus conscients de l'importance de leur rôle, la crèche, après avoir été un lieu de garde, un temps entre parenthèses où l'enfant attendait le retour de ses parents, est progressivement devenue un lieu de vie où l'enfant peut se construire, en l'absence de ses parents.

En accord avec cette nouvelle conception, certains directeurs ont proposé des temps de rencontre et de réunion pour les équipes. Malheureusement, la plupart du temps, il ne s'y passait pas grand-chose : on se réunissait parce qu'il fallait se réunir, comme si le seul fait de se rencontrer suffisait à garantir le contenu des réunions. Bien souvent, ces rencontres se cantonnaient à faire circuler les informations administratives et/ou à permettre l'organisation des plannings des équipes, sans parvenir à aborder les véritables questions, celles qui tracassaient voire divisaient les professionnels. De ce fait, les participants avaient souvent le sentiment de perdre leur temps, ce qui n'était pas toujours faux.

Être avec l'enfant

Pour moi, l'enjeu était donc de favoriser, voire de créer une écoute réciproque qui permette à la parole de circuler, afin qu'une véritable réflexion émerge. Il fallait amener les équipes à considérer leur fonction comme jouant un rôle important dans la construction psychique des bébés et des jeunes enfants qu'elles accueillaient. Pour cela, il était nécessaire de penser l'enfant comme un sujet en devenir, se structurant dans le cadre d'une relation investie avec un autre, qui représente pour lui le lieu de l'Autre. Et de faire prendre conscience aux professionnels qu'ils faisaient partie de ce champ de l'Autre pour l'enfant, en particulier s'ils s'en occupaient quotidiennement et dans la durée.

Au début des années 1980, je rencontrai souvent des équipes qui avaient l'impression que se réunir pour réfléchir prenait du temps sur les choses *réellement importantes* pour les enfants, et qui étaient *les choses à faire* : là, au moins, il y avait du concret, on faisait quelque chose ! Ainsi, les tâches auprès des enfants passaient toujours avant les réunions d'échange et de réflexion.

L'un de mes premiers objectifs fut de faire changer cette représentation, pour modifier les priorités du personnel. Progressivement, le personnel réussit à faire la différence entre *être avec* et *faire pour* l'enfant, sans pour autant négliger les tâches quotidiennes. Il s'agissait d'un changement de position subjective : on ne faisait plus des choses *pour* les enfants, on les faisait *avec* eux, ce qui n'avait rien à voir ! À partir du moment, par exemple, où l'on se mettait à considérer les repas avant tout comme des moments d'échange, ce n'était plus du tout la même chose de donner à manger à Muriel, qui chipotait et nous faisait marcher, ou à Léa, qui nous montrait qu'elle se régalait. De même, si un enfant se mettait à hurler quand son auxiliaire quittait la pièce, on arrivait plus facilement à se demander ce que signifiait ce comportement. *Faire* n'était plus une tâche, c'était devenu un *langage*, un échange qui prenait sens au sein d'une relation.

Le « projet pédagogique »

Dans certaines équipes, il était presque impossible d'introduire de la *pensée*. Parfois, c'était au nom de la théorie : on s'en servait comme d'un mode d'emploi. D'autres fois, c'était à cause de la totale absence de théorie que toute pratique était impossible à interroger : on faisait comme ça parce qu'on avait l'habitude de faire comme ça ; c'était « comme ça, un point c'est tout ». Interroger les théories ou les pratiques relevait d'une véritable gageure.

Je mis parfois des années à ouvrir une équipe à cet état d'esprit. Dans certaines crèches, je n'y parvins pas, et le rapport avec les enfants resta passablement anonyme et indifférencié, des règles servant à ordonner les relations entre les auxiliaires et les enfants et leurs parents. Ce sont souvent des équipes que je finis par quitter, faute de trouver l'espace que je ressentais comme nécessaire pour apporter ma contribution. Une telle conception de l'accueil se passait très bien de mes services, car elle ne considérait pas qu'ils en faisaient partie : lorsque *faire* est conçu comme un pur faire, la question de l'*être* ne se pose pas.

Cependant, si l'on tient compte de l'histoire des crèches que j'ai évoquée plus haut, il faut dire que, malgré les différences, la plupart des équipes que j'ai rencontrées s'efforçaient de mettre en place des pratiques qui tiennent compte, tant bien que mal, de l'enfant en tant que sujet.

Les professionnels, l'entourage disparu ?

M'étant intéressée à l'évolution du groupe familial, j'étais frappée par le fait que, dans la plupart des cultures traditionnelles, l'élevage des enfants avait lieu en groupe, dans une unité familiale élargie, de sorte que la jeune accouchée n'était jamais seule en tête à tête avec son nouveau-né. Dans certaines cultures africaines, c'est même ritualisé : la jeune accouchée ne s'occupe de son nouveau-né que pour les tétées, l'enfant étant pris en charge, le reste du temps, par d'autres femmes du groupe, pendant une durée préétablie, mais qui correspond au retour des couches (environ quarante jours).

Il en allait de même dans la France rurale jusqu'au milieu du XIXe siècle : à chaque naissance, les autres femmes du groupe étaient là pour relayer les soins au nouveau-né, ce qui permettait non seulement une assistance « technique », mais aussi une contention dans les affects, une transmission de savoir et un miroir identificatoire. Les femmes étaient ainsi moins éprouvées par le contact avec le nouveau-né, moins livrées à l'intrusion de sentiments négatifs ou ambivalents, donc moins exposées à faire subir au bébé le contrecoup de leur état de fatigue ou de leur mouvement dépressif.

Mais le dépeuplement des campagnes provoqué par l'industrialisation a entraîné le démembrement du groupe familial élargi : les familles nouvellement installées dans les centres urbains de plus en plus denses sont devenues « nucléaires », c'est-à-dire réduites à leur plus simple expression : papa-maman-bébé. La situation perdure : les mères actuelles, même si elles sont en bonne santé et bien entourées, sont souvent trop isolées face à leur nouveau-né, dans un tête-à-tête qui peut être difficile à supporter[1]. Les autres femmes du groupe sont au travail et, dans nos contextes citadins, les jeunes mères

1. Cela peut être aggravé par le raccourcissement du séjour en maternité, surtout si « tout se passe bien », sous-entendu sur le plan purement médical. Une véritable vigilance de la qualité relationnelle entre la mère et le bébé est encore bien peu fréquente.

ne peuvent compter, quand c'est possible, que sur leur propre mère ou leur belle-mère ; mais comme les rapports sont souvent complexes et teintés d'ambivalence et rivalité, elles peuvent avoir tendance à les éviter et à porter leurs questions ailleurs.

Ainsi, il m'est apparu que les équipes de professionnels de l'accueil et de l'accompagnement venaient en lieu et place de l'entourage disparu ou absent. Dès lors, il devenait plus facile de comprendre pourquoi les mères investissaient tellement non seulement les lieux d'accueil et de consultation pour leurs bébés, mais aussi le savoir et la présence des professionnels, médecins ou puéricultrices se retrouvant chargés d'affects que parfois tous les protagonistes de l'histoire avaient du mal à identifier et à gérer. C'est-à-dire que les professionnels se trouvaient pris dans des investissements complexes, qui dépassaient la représentation qu'ils avaient de leur propre rôle, ce qui pouvait les déstabiliser.

Une partie importante de notre travail d'équipe a été de permettre à une puéricultrice, par exemple, de comprendre comment elle pouvait être assimilée, par une mère, à sa propre mère… ou à sa belle-mère ! Ce qui provoquait inévitablement des attitudes ambivalentes ou de rivalité que la professionnelle ne s'expliquait pas : elle pouvait réagir avec agressivité ou en rejetant la mère. Au contraire, en analysant ces échanges sur le modèle du transfert et du contre-transfert en psychanalyse, elle devenait capable de gérer la situation.

La notion de référence

Pour qu'une institution parvienne à tenir compte de l'enfant en tant que sujet, il faut d'abord, selon moi, qu'elle ait recours, dans sa pensée, à la notion de *référence*.

Désigner un référent à l'arrivée d'un enfant dans une institution permet de lutter contre l'effet d'*anonymat* que cette institution peut facilement produire, même si elle fait très bien son travail – et je dirai : *surtout* si elle fait très bien son travail, au sens de bien accomplir les tâches qui lui sont confiées.

Jusqu'aux années 1970, les crèches s'appelaient « modes de garde », ce qui montre bien comment on les considérait : uniquement comme des lieux où l'enfant attendait le retour de ses parents. Or c'est précisément ce que les équipes que j'ai rencontrées à cette époque refusaient : la crèche n'existait pas seulement parce que les parents étaient momentanément absents, elle entendait travailler avec eux dans le sens d'un accompagnement de la parentalité.

Lorsqu'on relit les descriptions des institutions analysées par Spitz ou Jenny Aubry, on s'aperçoit qu'au-delà des tâches accomplies – bien ou mal, d'ailleurs –, ce qui manquait cruellement aux enfants était la possibilité d'être pris dans une relation investie, où l'autre ne dispense pas des soins qui représentent autant de tâches dans son emploi du temps, mais *fait quelque chose à quelqu'un.*

Cette possibilité était loin d'être offerte fréquemment, et cette réalité a favorisé un amalgame entre nocivité de l'anonymat des soins et nocivité de l'institution elle-même[1], souvent encore d'actualité. En effet, il reste difficile de penser à ce qu'une institution peut apporter à un enfant, en présence ou absence de ses parents, alors que la dérive scientiste de notre société nous porte encore à croire qu'il n'y a de meilleure mère que biologique.

Dans l'effort des institutions pour s'adresser à un enfant sujet, et non objet de soins, l'application de la méthode de la référence a conduit à des réalités très diverses. Si la référence est un bon moyen de lutte contre l'anonymat des soins, elle a besoin, comme toute méthode, d'être travaillée et sans cesse interrogée pour ne pas s'enliser à son tour dans quelque garantie suffisante, qui dispense de penser la manière de s'occuper d'un enfant.

D'un fonctionnement possible de la référence

En effet, cette approche peut rencontrer deux écueils. Le premier est de croire qu'il suffirait d'aimer les enfants pour bien s'occuper d'eux, la conception dudit amour

1. Glissement fort bien dénoncé par Liane Mozère dans *Le Printemps des crèches, op. cit.*, p. 60-64.

étant assimilée à une exclusivité sans bornes, ce qui entraînait une rigidité parfois extrême dans la prise en charge des enfants. Le second est de croire que l'on peut – ou l'on doit ? – se substituer aux parents, considérés à divers titres comme défaillants. Ainsi, on pouvait assister à des scènes où la référente parlait de *ses* enfants, et tout se passait comme si personne d'autre qu'elle n'avait le droit de s'occuper d'eux, y compris les parents ! Ceux-ci étaient d'ailleurs, la plupart du temps, sévèrement jugés dans leur manière de faire avec leur enfant, au point que l'on pouvait se demander s'il leur « appartenait » encore…

En miroir d'ailleurs, les parents s'y mettaient à leur tour, parlant de *leur* référente. S'adressant à une autre auxiliaire d'accueil, ils pouvaient lui tendre avec réticence leur enfant en disant : « Il n'y a personne, ici, ce matin ? » Manifestement, on était là dans un excès : la fonction de la référence avait dérivé jusqu'à se trouver dépourvue de sens, et les effets pervers de ce type avaient conduit de nombreuses équipes à rejeter en bloc toute la notion de référence.

Heureusement, ces excès n'étaient pas toujours la règle. Dans certaines équipes, le fait de nommer une référente était une mesure très utile, autant pour l'enfant que pour les parents.

Dès que l'enfant entrait à la crèche, une auxiliaire s'identifiait comme son interlocutrice privilégiée et était censée tenir le fil rouge pour tout ce qui le concernait. Ce n'était pas compris comme l'obligation d'être omniprésente ni de tout faire – condition impossible à remplir, ne serait-ce que pour des raisons d'horaires ; cette conception de la référence, d'ailleurs, reprenait ce qui se passe avec la propre mère de l'enfant, qui ne faisait pas plus tout qu'elle n'était omniprésente... Ainsi, la référence n'était pas identifiée à un *faire*, mais à une *fonction*.

Cette désignation servait aussi aux parents, qui trouvaient en l'auxiliaire référente une interlocutrice privilégiée : la fonction d'étayage et de confiance qui se développe entre les parents et la personne qui s'occupe de leur enfant est souvent précieuse, pas seulement en cas de difficultés.

Cette désignation d'un adulte en tant que référent d'un enfant donné était en outre une manière d'impliquer l'adulte dans une relation plus investie avec chaque enfant : on ne s'occupe pas de la même manière d'un enfant qu'on croise, même pendant quelques mois, que d'un enfant qu'on verra grandir et avec qui on récoltera en quelque sorte les fruits de son investissement.

Cependant, la durée de la relation ne suffit pas non plus à garantir sa qualité. Un travail constant est nécessaire si on veut maintenir vivante la pensée sur laquelle cette relation s'appuie.

Référence et lien

Dans les équipes, l'amalgame est fréquent entre la notion de référence et l'établissement d'un lien de l'enfant envers un adulte donné.

Or il arrive que l'enfant s'attache à un adulte autre que son référent et se montre plus docile avec lui, alors que son référent se trouve en bute à un investissement ambivalent, dont il est aisé de repérer qu'il est très proche du type de lien qu'a l'enfant avec ses parents.

Dans ce genre de situations, l'ambivalence, voire la tonalité négative du lien, peut être vécue par le référent comme un échec de sa fonction.

Un travail d'analyse permet à chacun de retrouver ses marques, et si le collègue ne doit pas tirer gloire de se trouver élu – cela peut s'inverser... –, le référent se trouve, lui, mieux armé pour supporter le type d'échanges que l'enfant lui propose... et peut même s'en servir à titre éducatif, en offrant à l'enfant une réponse différente de celle de ses parents mis dans la même situation...

Voyons par exemple l'histoire de Valentin. Valentin se montre très difficile lors des repas. Il chipote, rechigne et finit par ne presque rien manger. À la maison, d'après ses parents, c'est pareil. Son auxiliaire référente en est très affectée. Or dès qu'elle est absente ou qu'une autre collègue prend Valentin à sa table, tout se passe très bien.

À partir d'une telle histoire, on pourrait faire des histoires ! Et sans un travail de pensée suffisant, les conflits entre collègues iraient bon train…

Mais on peut aisément comprendre la place paradoxale de la référente, une figure suffisamment proche des parents pour que l'enfant trouve utile de lui manifester aussi sa révolte orale, alors qu'avec la collègue, plus anonyme et moins investie, il peut se laisser aller à assouvir normalement son appétit.

En étant impliquée, mais capable de ne pas le forcer à manger, la référente permet à l'enfant d'intérioriser le respect de son corps propre, c'est-à-dire la conscience de son corps comme de son propre « territoire ». Un territoire qu'il peut être nécessaire de défendre en refusant la nourriture, les enfants sachant bien que l'enjeu de l'échange alimentaire est essentiellement fantasmatique et ne concerne que de très loin les besoins du corps : la plupart du temps, la disproportion est littéralement énorme entre l'enjeu symbolique des vingt grammes du biberon à finir ou des trois dernières cuillères de purée et les pseudo-besoins physiologiques invoqués. Le forcing alimentaire résulte, chez les parents, d'angoisses très archaïques éveillées par le refus de l'enfant, qu'ils ne parviendront pas à maîtriser si on leur dit simplement : « Laissez-le (la) tranquille, il (elle) ne se laissera pas mourir de faim ! »

Une auxiliaire réellement indifférente et dont la fonction est réduite au pur accomplissement des tâches peut dans le même cas considérer qu'elle n'a pas fait son travail, et se mettre elle aussi à forcer l'enfant. Seul le travail de réflexion constant peut permettre de sortir de ces ornières et d'offrir à l'enfant l'expérience d'une réponse alternative venant d'un adulte investi.

> Prenons aussi l'exemple de François. Il arrive à la crèche à cinq mois, premier bébé très investi d'un couple jeune et bien portant. Pourtant, dès son arrivée, il inquiète ses auxiliaires par son embonpoint. Posé à terre, il semble incapable de bouger tant il semble lesté par son ventre. La mère semble tirer une fierté particulière de sa capacité à ingurgiter tout ce qu'elle lui donne. Elle se montre uniquement intéressée par les récits des repas de son fils.
> Au fil des semaines, l'auxiliaire référente paraît happée dans le même type de rapport que celui que François entretient avec sa mère : avec elle aussi, il ouvre une bouche insatiable. Mais François ne ressemble pas à un bébé heureux et repu, et il commence à inquiéter l'équipe par sa passivité : il ne s'intéresse à rien, semble absent, comme immobile à l'intérieur de son énorme corps...

L'auxiliaire est piégée par cette modalité d'échange : François engloutit tout, toute son oralité a l'air d'être rabattue sur le registre du besoin. Elle en parle en réunion et, nous appuyant sur l'idée que le désir se soutient du manque d'objet, nous décidons d'agir ainsi : avant chaque repas, nous allons demander à François s'il souhaite le prendre ; au lieu d'une cuillère, nous allons lui tendre des paroles. S'il ne répond pas, nous conclurons qu'il n'en veut pas. De plus, au cours des repas, nous ne le laisserons pas se remplir passivement. Nous lui parlerons de ce qu'il mange, lui expliquerons que c'est Grégoire, notre cuisinier, qui le lui a préparé avec soin, etc.

Ainsi, nous créons des moments d'échange au cours desquels François n'ingurgite pas, mais par contre se remplit de nos paroles. Rapidement, nous le voyons s'animer, sortir de sa passivité et amorcer un mouvement vers l'autre !

Au bout de quelques semaines, il devient capable de choisir, de prendre ou de refuser, et cette capacité se traduit par des avancées dans d'autres domaines : il fait de rapides progrès sur le plan moteur et s'intéresse au monde extérieur (objets, jeux...).

Ce type de travail n'est imaginable que dans le cadre d'une relation fortement investie, avec une implication subjective importante, et des places clairement différenciées chez les adultes s'occupant de chaque enfant. En dehors du système de la référence, une telle relation existe rarement, et quand elle existe spontanément, elle n'est pas forcément utilisée comme un outil dans le travail effectué auprès de l'enfant.

La notion de « suivi d'enfants »

Une autre notion est importante pour aider l'enfant à se construire en tant que sujet : celle de « suivi d'enfants ».

Pour la plupart, dans les années 1970, les crèches étaient organisées – et cela existe encore – sur un modèle qui rappelle celui des classes de l'école. Il y avait trois sections et trois équipes d'auxiliaires correspondantes : celles des bébés, de l'arrivée jusqu'à la marche (trois-quatre à douze-quatorze mois) ; des moyens (douze-quatorze à vingt-quatre mois) ; des grands (vingt-quatre mois jusqu'à l'entrée à la maternelle).

Dans ce système fixe, les sections des bébés et des grands étaient les plus valorisées, car considérées comme les plus gratifiantes. J'ai ainsi connu des « auxiliaires de chez les bébés » intouchables ! Elles avaient une haute opinion de leur tâche, qui était très convoitée, les bébés étant réputés plus faciles à manipuler que les enfants plus âgés. De fait, quelle dextérité dans le maniement des bébés, lors des repas ou du change, pendant que circulaient au-dessus des paillasses les dernières nouvelles du feuilleton à la télé... !

Les « auxiliaires de chez les grands », section souvent appelée « jardin d'enfants », où se barricadaient les éducatrices de jeunes enfants lorsqu'il y en avait dans l'équipe, étaient bien installées dans leur tâche éducative, elle aussi réputée confortable et gratifiante. En effet, on y voyait des groupes d'enfants assis autour des petites tables, occupés à des jeux éducatifs, propres, attentifs et ordonnés.

Entre les deux, la section des moyens apparaissait comme une sorte de purgatoire auquel tout un chacun essayait d'échapper, avec ses affres de la période dite d'opposition et son corollaire des limites et des interdits, sans parler de la mise au pot. On y voyait les nouveaux arrivants, qui « payaient » ainsi leur droit d'entrée dans l'équipe, les stagiaires et les personnes qui, pour une raison ou une autre, avaient dû abandonner leur poste dans les sections réputées « tranquilles et gratifiantes » et qui tentaient vainement de les regagner.

Ce système de sections fixes reposant sur une classification des tâches montre bien que la fonction de l'adulte était réduite à l'accomplissement de ces tâches répétitives, sans aucune implication subjective. Dans ce fonctionnement, la référence et le suivi d'enfants n'existaient pas.

Sur fond de résistances massives à tout changement, à partir des années 1980, j'ai vu peu à peu se modifier cette organisation et s'installer le *suivi d'enfants*, système tout à fait corrélé à la notion de référence. Au lieu que ce soit les enfants qui, en grandissant, changent de section, c'est l'ensemble du groupe qui, au fur et à mesure, change de pièce, afin de profiter d'autres espaces et agencements plus en accord avec ses nouvelles possibilités motrices et d'autonomie. Ainsi, les mêmes adultes suivent les enfants depuis leur arrivée chez les bébés jusqu'à leur départ pour l'école.

Cette nouvelle organisation est de nature à potentialiser les effets de la nomination d'une référente. En effet, l'adulte ainsi engagé dans une relation personnalisée, destinée à être durable, va traverser toutes les étapes du développement de l'enfant – et devoir les négocier –, mais aussi récolter les fruits de son investissement éducatif. Elle permet aussi de juguler les effets pervers qui apparaissaient lorsqu'on traitait les bébés comme des objets passifs et faciles à manier et les grands uniquement comme des enfants à divertir, avec lesquels les tâches ingrates (dressage à la propreté et aux limites) sont terminées.

L'adulte ne peut plus réduire son rôle à un pur *faire*. Il est désormais engagé dans une implication réelle, une relation personnalisée avec chaque enfant.

Mais – on ne le répétera jamais assez – aucune méthode ne peut garantir ce que seul un travail soutenu et permanent peut maintenir ouvert. En effet, ce qui est *fait* n'atteint jamais le *bien faire* idéal ; si tel était le cas, du reste, il n'y aurait plus de pensée.

Cependant, il y a des méthodes meilleures que d'autres et, selon moi, la référence aussi bien que le suivi d'enfants sont des notions (traduites par des réalités institutionnelles) susceptibles de soutenir l'ouverture de la pensée plutôt que de la clôturer.

4

À l'écoute des auxiliaires : les réunions cliniques et les réunions à thème

Au fil des années, j'ai mis au point, en collaboration avec plusieurs équipes[1], trois types de réunions, à vocation différente. Les réunions cliniques, qui se déroulent environ une fois par mois et par section, nous permettent de réfléchir, au cas par cas, à notre travail quotidien avec les enfants et leurs parents. Dans les réunions à thème, nous approfondissons un thème chaque année, à la demande des équipes, afin de soutenir une réflexion plus générale autour de l'accueil des enfants. Enfin, les réunions des parents, qui ont lieu plusieurs fois par an, sont des lieux privilégiés d'échange et de concertation entre l'institution et les familles ; j'en parlerai au chapitre suivant.

1. Mais surtout avec celle de la crèche Charles-Perrault à Maisons-Alfort (94).

Des réunions de section fondées sur la clinique

Chaque semaine, l'équipe d'une section se réunit – la première semaine, celle des bébés, la deuxième, celle des moyens, la troisième, celle des grands – avec les « permanents » : la directrice, le médecin et moi-même. Pour l'équipe d'une section, ces réunions n'ont donc lieu, en pratique, qu'une fois par mois en moyenne.

Elles sont censées permettre aux auxiliaires d'évoquer ce qui les interpelle, ce qui leur pose question dans la relation avec un enfant ou un parent, afin de prendre du recul, voire de se repositionner dans la relation. Elles ont parfois des effets apparemment magiques : le simple fait d'avoir évoqué une difficulté avec un enfant suffit à la faire disparaître. Nous verrons ce qu'il en est plus loin.

Elles se déroulent en milieu de journée – à l'heure de la sieste – et durent environ deux heures. Pendant le temps de réunion, le groupe est surveillé par d'autres membres de l'équipe bien connus des enfants. Chez les bébés, où il n'y a pas de temps commun de sieste, car le rythme de chaque enfant est respecté, le temps de réunion des auxiliaires est scrupuleusement respecté, ce qui prouve l'importance que l'équipe accorde à ces moments de rencontre entre adultes, pour se poser et réfléchir.

Habituellement, tous les enfants sont évoqués, même si ce n'est que pour dire que tout va bien, et qu'il ou elle a fait tel progrès ou telle acquisition. De grands moments jubilatoires ou de véritable inquiétude sont fréquents lors de ces réunions, car les adultes portent un intérêt authentique au devenir de chaque enfant. On s'attarde souvent sur une observation qui interpelle l'auxiliaire ou sur une question qu'elle se pose sur ce qu'il convient de dire ou de faire face à tel enfant ou à tel parent. La description minutieuse de la situation, à laquelle participent tous les intervenants auprès de l'enfant, est suivie d'un débat sur les attitudes possibles. Grâce à ces échanges, on décide de ce qui sera dit ou fait, et on détermine qui en sera chargé.

Dans cette démarche de réflexion, le travail fondamental, non seulement *à faire*, mais *à dire*, est accompli par l'auxiliaire qui est auprès de l'enfant, et auprès de son parent le matin et le soir, l'équipe restant derrière elle comme un filet de sécurité, pour la contenir et l'aider à contenir ce qu'elle reçoit de l'enfant et/ou de son parent. Si une situation est difficile à gérer, l'équipe peut aussi relayer l'auxiliaire, en la personne de la responsable, du médecin ou de moi-même, mais toujours selon une stratégie réfléchie en réunion, où le choix de l'interlocuteur du parent ou de l'enfant fait suite à une réflexion menée en commun.

Fréquemment, à la réunion suivante, on évoque de nouveau la situation afin d'évaluer l'impact de l'attitude qui a été choisie, de voir si elle a suffisamment évolué – et ne nécessite plus, de ce fait, notre attention, ou, au contraire, justifie qu'on remette l'ouvrage sur le métier.

Les réunions à thème

Nous nous organisons, avec l'équipe, pour qu'ait lieu, tous les ans, une réunion à thème. Elle comporte deux fois trois séances, auxquelles assistent l'une puis l'autre moitié de l'équipe à chaque fois, avec des représentants de toutes les sections, y compris les services généraux (cuisinière, lingère, agents d'entretien). Ces réunions à thème s'intercalent dans les cycles des réunions cliniques de section.

Le thème est librement choisi à la majorité simple par l'ensemble de l'équipe. Il peut porter sur une question générale, une interrogation concernant le développement de l'enfant ou tout autre sujet ayant suscité l'intérêt de l'équipe.

Les réunions à thème se déroulent aux heures et pour la durée habituelles. Elles consistent en une discussion à bâtons rompus à partir d'observations, idées, propos ou questions apportés par les auxiliaires autour du thème choisi. Je peux ajouter des éléments théoriques et même conseiller des lectures d'approfondissement pour ceux qui seraient intéressés.

Prenons quelques sujets à titre d'exemples.

Comment ne pas jouer à la mère « parfaite » ?

Un tel sujet ne souffre pas de réponse simple : nous commençons par déplier un peu la question. Qu'est-ce qu'une mère « parfaite » ? En quoi cette question concerne-t-elle les auxiliaires, qui, justement, ne sont pas des mères ? Renvoie-t-elle, implicitement, à un sentiment de rivalité entre les auxiliaires et les mères ?

Nous naviguons d'une question à l'autre, au fil des associations des auxiliaires. Nous nous aidons de Winnicott et de sa « mère suffisamment bonne », de Lacan et de son concept du miroir pour saisir ce qui se joue entre une mère et son enfant.

C'est donc tout le processus interactif d'institution réciproque de la mère et l'enfant qui va pouvoir être revisité. Un *bon* enfant fait de sa mère une *bonne* mère. Et la réciproque est vraie. C'est ce qui explique en partie la difficulté des mères à entendre que « quelque chose ne va pas » chez leur enfant : ce sont elles qui se retrouvent à la place de l'accusé !

Compte tenu de la circularité du système, on comprend ce qu'il peut y avoir d'enfermant pour l'enfant, et la difficulté d'en sortir : la mère parfaite requiert un enfant parfait, et un enfant ne saurait être parfait sans coller au désir inconscient de sa mère… Pourtant, si cela ne se réalise pas un peu, *a minima*, l'investissement maternel risque de ne pas se mettre en place ou d'avoir du mal à se maintenir…

C'est ce qui peut arriver lorsqu'un enfant, à la naissance, se révèle trop différent de l'enfant imaginaire, c'est-à-dire de la représentation fantasmatique qui correspond au désir inconscient des parents, et pas seulement de la mère. Des séparations ou des hospitalisations, suite à une prématurité, un handicap, une maladie ou une malformation grave détectés à la naissance peuvent mettre en danger l'investissement de l'enfant, c'est-à-dire empêcher ce processus subtil au cours duquel l'enfant réel de la naissance rencontre et se confond avec l'enfant fantasmatique du désir inconscient qui l'attend, ce qui produit un phénomène que j'appelle *adoption symbolique*. Ce processus est tout à fait indépendant de la réalité biologique. Pour cette raison, tous nos enfants sont adoptés, y compris ceux que nous avons biologiquement conçus[1]...

Dans certains cas, des éléments comme le sexe de l'enfant ou d'autres caractéristiques morphologiques courantes (traits, couleurs des yeux ou des cheveux) suffisent à provoquer des difficultés d'investissement dans ce processus de reconnaissance, d'adoption symbolique : cela peut nous paraître surprenant, mais nous ne connaissons jamais le poids d'un tel élément dans l'histoire de quelqu'un. Parce qu'il s'agit d'un signifiant, cet élément est connoté et articulé subjectivement d'une manière qui échappe, pour l'essentiel, à la pensée consciente, y compris du sujet lui-même. Ainsi, la couleur des yeux ou

1. Toutes les cultures ont mis en place des systèmes de reconnaissance ritualisés, destinés à inclure les nouveaux sujets dans le groupe. Dans la nôtre, nous reconnaissons que cet enfant est bien le nôtre, celui que nous attendions, en le déclarant publiquement, sous la forme de l'inscription de l'enfant à l'état civil, en tant qu'appartenant à notre filiation.

le sexe de l'enfant peuvent renvoyer une mère à des contenus chargés de connotations lourdes dans son histoire, malgré leur apparente bénignité ou insignifiance, au sens courant du terme.

Le contraire peut aussi se produire : un enfant qui colle trop au désir de sa mère a beaucoup de mal à accéder à son propre désir, mais on peut même voir qu'il n'est pas perçu par sa mère en tant que lui-même, mais seulement en tant qu'il colle à sa représentation inconsciente.

> Agathe, une petite fille de bientôt deux ans, m'est adressée par la responsable de sa crèche, car elle inquiète ses auxiliaires par son aspect inhibé, immobile derrière ses grands yeux bleus : elle ne dit rien, ne semble s'intéresser à rien et ne s'attache à personne. Elle se limite à fixer son interlocuteur d'un regard qui semble à la fois un appel muet et une barrière si on essaie d'aller à sa rencontre.
> Sa mère, très volubile, accepte la consultation, même si elle dit ne s'être aperçue de rien. Pour elle, tout va bien ! Elle nous explique que toute sa vie elle a rêvé d'avoir une petite fille brune aux yeux bleus, c'est-à-dire *exactement* comme Agathe, à laquelle elle donnerait tout ce qu'elle n'avait pas eu. Ainsi, Agathe a une chambre rose, pleine de jouets, et la mère les énumère avec délectation, et Agathe regarde en spectatrice sa mère, mais n'est pas concernée par la petite fille à la chambre rose pleine de jouets qui, manifestement, est la mère elle-même, enfant !

Si elle n'y prend garde, l'auxiliaire peut, tout comme la mère, projeter sur l'enfant ses représentations personnelles, privées. Or les professionnels que nous sommes doivent éviter de tomber dans ce piège : l'investissement de l'adulte ne peut pas se faire sur la gratification qu'offre la relation avec l'enfant. On passe ainsi de cette question à la suivante, que les auxiliaires se posent fréquemment : qu'est-ce qui différencie les parents et les professionnels ?

J'amorce une réponse, qui surprend et même choque un peu les auxiliaires : « Nous, nous sommes payés pour nous occuper de l'enfant ! Et même si ce n'est pas très cher (rire général), l'argent fait tiers entre l'enfant et nous. » Nous pouvons nous soutenir d'autre chose que le fait que l'enfant nous fasse plaisir en nous ressemblant ! Si un enfant ne ressemble pas au *bon enfant* qui fait de nous un *bon professionnel*, peut-être est-ce le signe d'une difficulté propre à l'enfant qui mérite qu'on s'y arrête, et qu'on lui vienne en aide.

L'avis du professionnel et l'avis du parent peuvent-ils diverger ?

C'est une question récurrente. Parfois, l'avis de l'équipe et celui des parents divergent sur certains points délicats, comme les limites, le sommeil ou la propreté. De ce fait, les auxiliaires se demandent souvent si elles ont raison de penser ce qu'elles pensent… et ce qu'elles doivent faire si le parent pense autrement !

La mère de Juliette a décidé de lui enlever sa tétine, car elle trouve qu'à vingt mois elle est suffisamment grande pour s'en passer. Un beau matin, elle intime donc l'ordre à son auxiliaire de priver Juliette de sa tétine pendant la journée. Cet « ordre » vient contredire une sorte de principe que nous respectons : nous considérons que c'est à l'enfant lui-même de gérer son rapport avec les objets de son corps (la tétine, sans être un « morceau » de corps, fait partie du corps libidinal de l'enfant, comme le pouce).

L'auxiliaire se trouve donc prise dans un dilemme : doit-elle obéir au désir de la maman de Juliette, qui reste la maman de Juliette, éminemment respectable, ou continuer à procéder en accord avec notre réflexion ?

Juliette a beaucoup de caractère et sa maman a du mal à lui fixer des limites. La plupart du temps, elle tergiverse, fait distraction pour obtenir que Juliette accepte de faire ce qu'elle lui demande – s'habiller, cesser de jouer pour partir, manger, se coucher… Elle passe son temps à éviter d'affronter les colères – certes monumentales – de Juliette. Ainsi, la question de la limite est toujours évitée.

À l'issue d'une rapide réflexion en équipe, il nous apparaît que la tétine, qui devient un bras de fer entre la mère et la fille, n'est pas un terrain approprié pour que la mère exerce son autorité et fixe une limite à Juliette.

Par conséquent, l'auxiliaire explique à la maman que Juliette quittera sa tétine toute seule quand elle n'en aura plus besoin, mais que ce n'est pas là qu'il faut signifier à Juliette qu'elle ne fait pas tout ce qu'elle veut.

Sans vouloir rien entendre à notre raisonnement, la mère devient furieuse et accuse l'auxiliaire et l'équipe de la crèche dans son ensemble de ne pas écouter les parents, de ne pas respecter la façon dont ils entendent éduquer leurs enfants, etc. L'auxiliaire se sent déstabilisée.

L'incident semble suffisamment important pour que nous réfléchissions ensemble à notre position et à la façon dont on peut entendre l'accusation de la mère de Juliette.

La première remarque qui nous vient est que la maman de Juliette a raison : nous n'écoutons pas toujours les parents, du moins au sens où nous n'exécutons pas leurs ordres sans les interroger… et nous avons, en effet, notre propre avis sur les réponses éducatives à apporter à l'enfant, qui peuvent être divergentes, voire opposées à la façon de voir des parents. Comment justifier une telle position, si nous pensons que l'enfant qui nous est confié reste l'enfant de son parent ?

Il faut faire appel aux raisons qui poussent un parent à choisir le mode d'accueil collectif qu'est la crèche, animée par une équipe pluridisciplinaire, constituée par des auxiliaires, des éducatrices, des puéricultrices, un psychologue et un médecin, plutôt que l'accueil individuel au domicile d'une assistante maternelle.

Malgré la loi de 1995 qui rend obligatoire leur formation, on peut dire que les assistantes maternelles font essentiellement appel à leur expérience, c'est-à-dire à leur « savoir de mamans » pour s'occuper des enfants qui leur sont confiés. À ce titre, le savoir privé, personnel, d'une mère vaut bien le savoir d'une autre. Alors, ce qui va départager les deux avis, ce sera la mère qui paye, l'employeur par rapport à l'employée… Ainsi, avec une assistante maternelle, la maman de Juliette aurait pu imposer son point de vue, sans avoir à le justifier. Après tout, elle aurait payé pour ça.

À la crèche, la maman de Juliette paye aussi, mais on peut postuler qu'elle paye un service, pas un exécutant. Ce service, conçu par les professionnels comme un service à l'enfant, obéit à d'autres lois qu'aux désirs et volontés des parents. En effet, une équipe qui se respecte élabore un projet pédagogique, mène une réflexion constante sur sa pratique et ne transmet pas aux parents des désirs ou volontés de personnes privées, auxquels pourraient légitimement s'opposer les parents, mais le savoir constitué de l'équipe.

Il n'y a pas, comme avec l'assistante maternelle, la symétrie de l'avis d'un parent face à l'avis d'un autre parent ; il y a l'avis d'un parent face à l'avis d'une équipe professionnelle, qui s'appuie sur un certain savoir et non sur ses choix personnels. Cependant, cette dissymétrie ne doit pas conduire à des abus de pouvoir de la part des professionnels, qui doivent rester à l'écoute des parents, pour étayer leurs choix éducatifs.

Par exemple, dans le cas de Juliette, nous l'avons laissée gérer sa tétine, et nous nous en sommes expliqués avec la mère : nous sommes d'accord que l'enfant ne peut faire tout ce qu'il veut, sans aucune limite – ce que la maman de Juliette semblait nous reprocher –, mais simplement il y a des registres sur lesquels fixer les limites, et d'autres registres qui sont du domaine de l'enfant.

Les transmissions

Un autre sujet délicat, qui a mobilisé beaucoup de réflexion et de controverses, est la question des transmissions, non seulement entre auxiliaires et parents, au début et à la fin de chaque journée, mais aussi entre professionnels.

La première idée qui nous vient est qu'une transmission n'est pas une information. Qu'est-ce à dire ?

> Sabine, jeune auxiliaire qui a encore peu d'expérience, amorce le sujet : elle se sent mal à l'aise, pour ne pas dire piégée, dans son rapport avec le papa de Ninon. Matin et soir, de semaine en semaine, le seul sujet qui intéresse le papa de Ninon est « ce qu'a mangé Ninon dans la journée ». Dans un premier temps, Sabine s'efforce de dire la « vérité », en étant aussi précise que possible. Au bout de quelque temps, elle s'aperçoit qu'elle en est à la cuillère près, voire à la taille de la cuillère de service utilisée... c'est sans fin. Et le pire, c'est qu'elle s'aperçoit que si Ninon n'a pas ingurgité pendant la journée la dose « nécessaire » aux yeux de ses parents, ils la lui servent dans la soirée...

Nos réflexions nous mettent rapidement devant l'évidence que la même « information » n'a pas la même valeur ni le même sens selon qu'on la dit à un parent ou à un autre. Pour les parents de Nicolas, à la différence de ceux de Ninon, savoir ce qu'il a mangé dans la journée est une simple information, qui permet éventuellement à la maman de varier ses menus. Ainsi, un parent trop fixé sur une question particulière et qui ne s'intéresse guère aux autres aspects du développement de son enfant sera rapidement identifié, et nous tâcherons de nous représenter les raisons de sa préoccupation. Nous nous efforcerons de lui apporter une réponse claire d'abord, en mesurerons l'impact, et changerons rapidement de politique si le parent reste fixé sur une unique préoccupation. Alors, nos réponses aux questions du parent deviendront volontairement évasives ; et nous accentuerons telle acquisition ou anecdote de la journée, qui mettra en valeur l'enfant et ses capacités sous un tout autre jour...

Ainsi, transmettre n'est pas « dire la vérité », au sens de transmettre une information parfaitement exacte, mais plutôt un discours adressé à un parent particulier, qui tient compte de sa sensibilité et de sa position subjective vis-à-vis de son enfant. Telle information, donc, sera à transmettre telle quelle à tel parent, mais elle ne devra être transmise au suivant qu'après mûre réflexion et filtrée de manière appropriée.

Nous prenons conscience que les transmissions, c'est-à-dire ce que nous allons communiquer ou pas aux parents sur la journée de leur enfant, relèvent d'un véritable travail d'élaboration, qui constitue même une part importante de l'accompagnement éducatif, voire du travail de guidance parentale, pour lequel nous nous sentons mandatés et dont nous assumons collectivement la responsabilité.

5

À l'écoute des parents

La communication avec les parents fait l'objet de la part de l'équipe d'un effort constant. En plus des transmissions journalières, les réunions sont un lieu privilégié pour échanger avec eux sur des sujets touchant tant à l'institution qu'à leur enfant.

En dehors des nombreuses réunions proposées tout au long du séjour de l'enfant à la crèche, une fois par an et par section est organisée une réunion où les parents sont conviés en présence de la totalité de l'équipe : auxiliaires, éducatrices, directrice, médecin et psychologue. Ils assistent donc à trois réunions de ce genre : la première réunion a donc lieu aussitôt après l'arrivée du bébé, la deuxième au cours de la deuxième année, la troisième un peu avant le départ de l'enfant pour l'école.

La première rencontre entre parents

La première rencontre proposée aux parents quelques semaines après la fin des admissions consiste essentiellement dans la présentation réciproque de l'ensemble de l'équipe et des parents. C'est une réunion extrêmement riche, car les parents, souvent anxieux, sont rassurés de se rencontrer entre eux et de vérifier qu'ils ne sont pas seuls dans la traversée de ces moments de séparation, souvent difficiles. Nous leur demandons, à l'aide de quelques questions, de s'exprimer sur le vécu de l'arrivée de leur enfant à la crèche, le temps d'adaptation et les réactions de leur bébé à la séparation : les a-t-il boudés ? dort-il davantage – ce qui peut signifier qu'il se réfugie dans le sommeil pour mieux supporter leur absence ? refuse-t-il de s'alimenter ? Nous sommes particulièrement attentifs à la manière dont ils perçoivent les réactions de leur bébé. Nous tâchons éventuellement d'identifier des écarts importants entre ce qu'ils nous restituent et ce que nous observons et de nous faire une idée de leur signification : le parent ne perçoit-il pas les réactions de son bébé ou, au contraire, cherche-t-il à les dénier, pour apaiser sa culpabilité de le confier à des tiers ?

La capacité des parents à percevoir ces signes parfois subtils est très variable. Parfois, ils n'en deviennent capables qu'après qu'on leur a laissé entendre que tel ou tel comportement est un signe de santé psychique, un signe de l'attachement de leur bébé, qui leur manifeste ainsi l'importance qu'ils ont pour lui… bref, qu'il s'agit d'une véritable scène de dépit qui, loin de les menacer, les met en valeur !

Toutes les observations recueillies nous seront précieuses pour accompagner le bébé et son parent dans le processus de séparation, c'est-à-dire dans la symbolisation de l'absence, qui permet au parent de vaquer à ses occupations en toute sérénité et au bébé d'investir de nouveaux liens, avec les personnes et les lieux qui feront désormais partie de son quotidien.

Je profite aussi de cette réunion où chaque membre de l'équipe présente sa fonction pour préciser aux parents que si je ne suis pas présente à temps plein dans l'institution où je ne passe que quelques heures par semaine, les parents qui souhaiteraient me parler d'une question concernant leur enfant peuvent me rencontrer un après-midi par mois. Au fil du temps, nous avons en effet constaté que cet espace de parole était très bien investi. Nombreux sont les parents qui me sollicitent pour avoir mon avis sur des colères, des réveils nocturnes, des difficultés alimentaires, voire des comportements agressifs. Grâce à ces échanges, protégés par une confidentialité absolue, je peux parfois mener un véritable travail de guidance, et obtenir des éléments de compréhension qui permettent aux auxiliaires d'aider l'enfant dans la journée, sans qu'il soit nécessaire de leur dévoiler ce que m'a livré le parent.

La rencontre de mi-parcours

Chez les moyens, c'est-à-dire entre un et deux ans, une deuxième rencontre a lieu au cours de l'année et ponctue à peu près le mi-parcours de l'enfant à la crèche. Nous lui accordons une grande importance, car c'est l'occasion de faire passer des messages aux parents sur des points sensibles de cette tranche d'âge.

Cette réunion est d'abord centrée sur la présentation de l'organisation de la journée par les auxiliaires : le groupe a changé de pièce en compagnie des auxiliaires qui s'en sont occupées depuis son arrivée à la crèche. L'espace s'est modifié en suivant le développement des enfants, leurs toutes nouvelles capacités motrices et d'autonomie ; en particulier est apparu un espace distinct pour le sommeil, la pièce de veille étant ainsi dégagée pour les activités, sans troubler le repos des enfants qui dorment.

Nous cherchons à établir le dialogue avec les parents sur deux autres sujets : les limites et la propreté, qui nous fournissent l'occasion de présenter aux parents nos options de travail.

Les limites

C'est un aspect extrêmement important de la gestion de la relation de l'enfant en groupe, une acquisition tout à fait fondamentale de sa socialisation.

Bien que la pièce où ils sont accueillis soit intégralement conçue pour les enfants, il subsiste suffisamment d'interdits pour qu'ils puissent faire l'apprentissage des limites de leur liberté en compagnie d'un adulte disponible et attentif. Toute notre attention porte sur le positionnement de l'adulte en face de chaque enfant. Les réponses qu'il fera tiendront compte du rapport que l'enfant doit entretenir avec la loi. Je reviendrai sur cet aspect fondamental des limites considérées comme un rapport à la loi symbolique, autant pour l'adulte que pour l'enfant.

Au cours de la réunion, nous nous bornons à dire aux parents toute l'importance que nous accordons à cet apprentissage, qui recouvre la question essentielle de l'intériorisation de l'interdit. Il nous semble primordial de le souligner, car les limites à fixer à l'enfant de cet âge portent le plus souvent sur de menus faits quotidiens, et les parents, qui le retrouvent le soir pour peu de temps et sont encore dans l'émerveillement de ses toutes nouvelles capacités – y compris de ses bêtises – se disent que ça ne vaut pas la peine de se fâcher pour si peu. Du coup, ils cèdent, jusqu'à ce qu'ils soient débordés et poussés à leurs propres limites !

Cette réunion donne d'ailleurs souvent lieu à des échanges jubilatoires : les parents se retrouvent dans les difficultés des autres et il est possible, avec humour, de leur laisser entendre dans quoi ils ont été piégés, ce qui les aide à surmonter nombre de difficultés courantes.

La propreté

Comment nous avons choisi de gérer l'acquisition de la propreté ? C'est tout un programme !

Il n'y a pas si longtemps – cela existe peut-être encore dans certaines crèches –, dès qu'ils tenaient assis (vers la fin de la première année), les enfants étaient disposés sur les pots à heure fixe, en rang d'oignons, pour des durées conséquentes : ces séances-pot faisaient partie des pratiques institutionnelles auxquelles personne ne trouvait à redire.

La notion d'acquisition de la propreté a été profondément modifiée par l'apparition des antibiotiques, qui ont permis de lutter contre les diarrhées, des traitements efficaces des érythèmes fessiers et des changes complets, qui ont permis le respect des normes d'hygiène tout en éliminant la corvée du lavage et de la stérilisation des couches en coton. Grâce à ces progrès, la propreté n'est plus regardée comme un impératif hygiéniste : éviter à tout prix que l'enfant soit en contact avec ses matières, dût-il pour cela passer une bonne partie de son temps sur le pot.

Elle est devenue en revanche une acquisition majeure de la socialisation, qui a moins de rapport avec la maturation qu'avec l'acceptation d'une règle de vie.

Le contrôle sphinctérien – le seul exemple d'un contrôle réflexe qui devient volontaire au cours de la maturation physiologique – n'apparaît qu'au cours de la deuxième année. Il n'est véritablement en place qu'après que la marche autonome a été bien acquise, sous la forme de la coordination nécessaire pour monter et descendre des escaliers. De ce fait, proposer à un enfant la mise au pot avant ce stade de développement moteur est peine perdue. La lutte avec les grand-mères qui ont conservé des représentations d'une autre époque est rude, car elles reprochent aux jeunes mères un laxisme coupable : « Toi, tu étais propre à neuf mois ! »

Comme toute règle de vie, l'acquisition de la propreté comporte une limite de jouissance imposée à l'enfant. Dès que le contrôle sphinctérien passe sous contrôle volontaire, l'enfant découvre une nouvelle fonction : il peut maîtriser la rétention et l'évacuation de ses matières. Et cette nouvelle fonction est érotisée : elle comporte une composante de plaisir dans son exercice même !

C'est à cet instant que l'adulte arrive et demande à l'enfant de renoncer à ce plaisir juste découvert, à sa toute nouvelle maîtrise, en lui imposant une réglementation de sa fonction : « Pas n'importe où, pas n'importe comment. »

Un nouveau rapport de force s'instaure entre l'adulte et l'enfant : dans la première année de la vie, l'enjeu de la relation entre l'adulte et l'enfant était le sein – ou son tenant-lieu, le biberon : c'était l'adulte qui détenait l'objet. Désormais, c'est l'enfant qui est le détenteur de l'objet et l'adulte qui se trouve en position de demandeur. Le rapport est inversé : de dispensateur, l'adulte se retrouve demandeur, ce que supportent mal certains parents.

Notre option est d'attendre patiemment que l'enfant acquière la compétence sphinctérienne par maturation et de lui proposer ensuite d'emboîter le pas à cette règle de vie que nous appelons la propreté.

Le petit enfant d'avant la propreté n'a aucune aversion pour ses matières. Par exemple, un bébé de la première année qui déféquerait dans son bain (incident assez banal et fréquent) ne montrerait aucun dégoût lui-même, comme si ses matières lui étaient extérieures.

En revanche, quand ce malheureux incident arrive à un enfant plus grand, vers quinze ou dix-huit mois, à un âge où il est en cours d'apprentissage de la propreté, la plupart du temps il est effrayé et il faut longuement le rassurer. Cette frayeur s'explique par le fait qu'il perçoit déjà ses matières comme étant partie de son corps et que l'évacuation correspond donc à une perte, à une séparation. C'est pourquoi l'enfant est très ambivalent par rapport à la demande de l'adulte : il veut le satisfaire, lui faire plaisir – c'est la raison pour laquelle on considère que le caca, à cette période, a un statut de don ou de cadeau – et il recule en même temps devant ce que cela implique.

Il s'ensuit un troisième temps, d'une durée variable, qu'il est impossible d'anticiper pour chaque enfant, qui correspond à la négociation subjective entre l'acceptation de la perte et la récompense obtenue de la reconnaissance de l'adulte. Nous conseillons aux parents de laisser l'enfant gérer cette durée incompressible, soulignant que c'est un conflit interne de l'enfant et que toute pression à ce moment-là ne fera qu'accentuer le conflit.

Il ne s'agit pas de laisser faire l'enfant, de s'en désintéresser, mais plutôt de le laisser décider du moment de l'acceptation, dès qu'il a bien compris la demande qui lui est faite. Vers la fin de la deuxième année, le niveau de compréhension des enfants est largement suffisant pour leur permettre de saisir sans aucune difficulté ce dont il s'agit. Ainsi, la résistance ne vient pas d'un manque de compréhension – même si, parfois, l'enfant s'évertue à nous le faire croire, histoire de gagner du temps –, mais d'une opposition bien réelle, qui reflète ce qui lui en coûte d'accepter notre demande.

Si l'adulte sait le respecter tout en maintenant sa demande, la tendance de l'enfant à faire plaisir ainsi que son identification à l'adulte prendront le dessus, et un comportement de continence fiable se mettra en place.

En revanche, si l'adulte s'est montré contraignant et/ou n'a pas su ou pu respecter les délais dont avait besoin l'enfant, nous verrons apparaître des difficultés variées, qui nécessiteront une attention personnalisée.

Encore une fois, le personnel de la crèche se tient à la disposition des parents et des enfants pour les accompagner dans cette acquisition fondamentale : en effet, l'importance sociale accordée à l'acquisition de la propreté lui confère une valeur de rite de passage.

La réunion de départ pour l'école

Dans la section des grands, où les enfants séjournent à partir de deux ans et jusqu'à leur départ pour la maternelle, nous proposons aux parents une dernière rencontre avant de nous quitter. Cette réunion est centrée sur les nouvelles acquisitions des enfants, en particulier en matière d'activités ludiques et éducatives, et à la préparation au départ pour la maternelle.

C'est un moment souvent très riche, où les parents expriment leur ambivalence devant leur désir que leur enfant grandisse et leur angoisse à l'idée qu'il va quitter un lieu protégé et sécurisant pour lui mais aussi pour eux.

Cette réunion leur permet aussi de repérer si leur enfant en retrouvera d'autres qu'il connaît déjà à l'école, d'échanger sur les maternelles du quartier et l'organisation de gardes périscolaires. C'est l'occasion d'attirer leur attention sur les différences entre l'école lieu pédagogique et la crèche lieu de vie, afin qu'ils n'infligent pas aux enfants les mêmes heures de séjour à l'école qu'à la crèche : l'école est souvent peu équipée pour assurer, en dehors des heures pédagogiques, un accueil de qualité.

À la fin du séjour à la crèche, nous proposons aux parents de nous retrouver après la première rentrée scolaire, lors de ce que nous appelons avec humour la « réunion des anciens combattants ». Un goûter festif est offert aux enfants et aux parents, ce qui est pour nous l'occasion de vérifier que l'enfant nous a bien quittés dans sa tête – et, de fait, il nous explique souvent volontiers que la crèche, c'est pour les bébés, et qu'il est grand, puisqu'il va à l'école maintenant.

Le deuil est fait, une étape est bien terminée.

6

À l'écoute des enfants : les objets du corps

Au moment néonatal, le bébé se trouve dans un état d'indifférenciation entre son moi et le monde extérieur. Puis, progressivement, au cours des premiers mois, dans le cadre des échanges avec les autres significatifs de sa relation primordiale, en particulier avec sa mère, il commence à se distinguer de ce qui l'entoure. Il identifie sa mère comme une personne distincte de lui-même et qui peut s'absenter[1].

Il éprouve alors un sentiment de perte fondamental pour son devenir, en ce qu'il fonde à la fois son existence et celle d'autrui. Freud postule que l'objet perdu, représenté par le sein au moment où il s'absente, et que le bébé est amené à « halluciner » pour satisfaire son désir, correspond à l'émergence de la représentation en tant

1. L'expérience de perte qu'il traverse alors correspond moins à l'absence réelle de la mère qu'à la perte de l'unité primordiale, nécessaire à l'avènement du monde symbolique.

que début des processus psychiques. Lacan y voit l'origine du manque nécessaire à la dynamique du désir constitutive du sujet. Melanie Klein situe à ce moment la position dépressive et René Spitz, lui, parle d'« angoisse du huitième mois ».

L'objet transitionnel

L'enfant, à un moment ou à un autre, peut avoir besoin de s'agripper à des objets, qui vont imaginairement l'aider dans cette traversée. C'est l'objet que Winnicott nomme transitionnel, et qui se matérialise dans les incontournables « doudous », si familiers aux dernières générations d'enfants.

Cet objet transitionnel renvoie aux différents objets détachables du corps, qui portent symboliquement le processus lui-même, en ce qu'il est possible de les perdre :

– le regard : je peux le donner ou le refuser, le susciter ou l'éviter ;

– la voix : je peux m'en servir pour appeler, mais aussi pour envahir l'autre en faisant taire tout autre bruit et en m'en enveloppant ;

– le sein dans ses substituts les plus habituels, pouce et tétine : je peux m'en servir pour me soutenir dans le lien avec l'autre ou pour m'autosuffire, en excluant l'autre ;

– les matières : je peux les donner ou les refuser, m'en servir pour gratifier ou agresser l'autre.

Dans notre travail quotidien, nous accordons une attention particulière aux rapports complexes qu'entretient un enfant avec les objets de son corps, et qui de ce fait vont influer sur son alimentation, son sommeil ou l'acquisition de la propreté, comme avec les procédés autocalmants (doudou, pouce ou tétine). Un des postulats fondamentaux qui nous guident est l'idée que l'enfant doit être laissé libre de gérer son rapport avec eux. Ce n'est pas là que l'autre – parent ou adulte tutélaire – doit faire preuve d'autorité. Ce n'est pas là qu'il doit légiférer, ce n'est pas là qu'on fixe des limites. Si on le fait, on aboutit tout au plus à déposséder l'enfant, sans que cela établisse pour lui un rapport avec la loi symbolique. Lorsque le processus de séparation-individuation dans lequel est engagé l'enfant se déroule de manière satisfaisante, l'objet se trouve progressivement désinvesti, sans qu'on ait besoin de l'interdire.

La tétine de Juliette

Nous avons déjà vu l'exemple de Juliette à qui sa mère avait arbitrairement décidé d'enlever sa tétine à vingt mois : en y réfléchissant, il était apparu à l'équipe que la mère de Juliette, débordée par les colères de sa fille, cherchait à poser son autorité. Nous avons essayé de la persuader qu'il y avait d'autres domaines dans lesquels elle pouvait plus significativement poser à Juliette des limites, au lieu d'entrer dans un bras de fer portant sur un objet du corps de l'enfant.

Après quelques tiraillements, et quelques rencontres avec moi, la maman se sentit moins menacée par nos propos, et parvint même à entendre qu'il était grand temps de poser des limites à Juliette. Ce qu'elle fit. Juliette put non seulement devenir une petite fille plus paisible, moins en butte à une toute-puissance peu utile et plutôt encombrante, mais aussi abandonner, peu de temps après, la fameuse tétine !

Guillaume et l'apprentissage de la propreté

Guillaume est un solide gaillard de deux ans et demi qui coule des jours heureux dans la section des grands. Il fait cependant le désespoir de sa grand-mère maternelle, qui s'emploie, lors de brèves vacances, à le rendre propre – avec pour seul résultat des fuites qui nécessitent des bains répétés.

Alertée, l'équipe aborde avec la mère ces résultats malencontreux et, d'un commun accord, on met de côté la hâte de la grand-mère et on décide de rééquiper Guillaume de couches en attendant patiemment que le désir lui vienne de sublimer sa jouissance anale.

Tout devrait donc rentrer dans l'ordre. Or, Guillaume, à ce moment, se met systématiquement à se salir consciencieusement, à table, avec force purée dans les cheveux, à la peinture, provoquant d'abord la surprise, puis la colère, et enfin le désespoir de son auxiliaire de référence.

Lorsqu'on m'en parle, seule l'hypothèse d'une érotisation du bain me paraît vraisemblable. « Cet enfant veut que vous le baigniez » suffit en effet à évoquer chez l'auxiliaire la quantité innombrable de bains qu'elle a été amenée à donner à Guillaume ces dernières semaines.

– Alors qu'est-ce qu'il faut faire ?

– Eh bien, le débarbouiller au gant en lui signifiant votre seule intention hygiénique.

Au bout de quelque temps, Guillaume a dû désinvestir une activité devenue si peu gratifiante pour vaquer à d'autres occupations plus susceptibles de le faire sortir de cette impasse. Il est devenu propre dans les semaines qui ont suivi.

Lila : couche et fausse couche

Lila est une superbe petite fille de deux ans et demi, espiègle et particulièrement éveillée. Elle s'intéresse à tout et parle comme un docteur. Bref, Lila va bien.

Sa maman a engagé une deuxième grossesse désirée. Mais au cinquième mois, sans que rien l'ait laissé prévoir, elle fait une fausse couche et perd le bébé. Elle vit très durement cette perte, alors que Lila n'en semble guère affectée.

Cependant, dans les semaines qui suivent, Lila, en train d'acquérir la propreté, marque un temps d'arrêt et ne

semble plus s'y intéresser. Notre habitude des petites régressions des aînés à l'arrivée des puînés nous laisse sereins face à ce comportement et nous attendons patiemment que le désir lui en revienne.
Mais pour la maman, les choses semblent moins simples. Au bout de quelques semaines, elle perd patience avec Lila, qui garde sa couche et en est même venue à refuser de se laisser changer. Excédée, la mère demande à me rencontrer.

Je l'écoute attentivement associer d'elle-même sur sa fausse couche et dire que Lila réagit peut-être à la perte du bébé. Je lui fais alors remarquer que Lila en parle en termes de « couche », « fausse couche »... Il n'en faut pas plus pour que la maman entende le lien. J'ajoute simplement : « Lila veut seulement garder la couche pour sa maman, pour qu'elle ne soit pas perdue... »

L'effet est immédiat : la semaine suivante, la mère téléphone pour me faire savoir qu'elle a arrêté d'en vouloir à Lila et que, tout attendrie par son geste, elle l'a prise en rentrant dans ses bras... et Lila est devenue propre le lendemain !

De persécutrice, Lila était devenue protectrice, et le fait que la maman accepte sa réparation l'avait dispensée de continuer à le faire dans le réel de son corps.

Ces quelques exemples de la vie quotidienne, qui n'engagent pas de processus de maladie ni de perturbation grave, montrent qu'il est essentiel que, dans le travail d'écoute de l'enfant, on tienne compte de la dimension symbolique de ses comportements. Une approche uniquement éducative – c'est-à-dire normative, par rapport à une norme pourtant valable : devenir propre, se sevrer de sa tétine – n'aurait sans doute pas suffi à venir en aide à ces enfants, à ces moments particuliers de leur histoire.

Le travail commun entre l'équipe d'auxiliaires et moi-même consiste dans une observation et une écoute de chaque enfant. Nous ne devons pas nous contenter de savoir ce que l'enfant devrait faire – quitter sa tétine ou devenir propre –, nous devons accepter d'entendre ce qu'il fait, et la dimension symbolique que cela comporte.

7

Le rapport à la loi symbolique

Au cours de la première année, au fur et à mesure qu'il grandit et se développe, l'enfant acquiert des moyens de plus en plus intelligibles pour interpeller son entourage. Ainsi, les signes discrets des premiers mois, qui exigeaient que l'adulte soit très attentif pour leur attribuer une valeur de message – pleurs, bouderies, refus alimentaires, difficultés d'endormissement –, sont progressivement remplacés par des messages tout à fait clairs. Parallèlement, le progrès moteur, avec l'acquisition de la marche et la manipulation, ne tarde pas à se traduire par des explorations de plus en plus audacieuses, contraignant l'adulte à fixer des limites aux exploits de l'enfant.

Dans un premier temps, ces limites sont difficiles à établir, car les adultes – en particulier les parents – sont en admiration devant les prouesses nouvelles de leur tout-petit, et peu enclins à le rabrouer. Et il est certain qu'au début, les enjeux, souvent dérisoires, ne semblent pas mériter qu'on se fâche « pour si peu » : un placard déménagé, une corbeille de linge vidée, une assiette par terre, de l'eau partout... qui accorderait de l'importance à de telles broutilles ? De surcroît, les parents passent souvent leur journée au travail, loin de leur enfant, et regrettent de manquer toutes les acquisitions nouvelles et importantes qui se font en dehors de leur présence ! Ils ont souvent l'impression d'avoir si peu de temps pour être ensemble, en rentrant, le soir... !

Ainsi, maintes occasions apparemment sans importance sont manquées pour établir ce subtil rapport avec la loi symbolique, celle qui détermine que ma liberté se termine là où commence celle de l'autre, fussé-je l'enfant chéri de mes parents désireux de tout me donner ! Or les parents refusent d'abord de perdre la jouissance d'être la « source de tout bien » pour leur enfant : ils se débrouillent pour ne jamais avoir à lui refuser ou lui interdire quoi que ce soit et, chaque fois que le conflit approche, ils détournent l'attention de l'enfant, font diversion, et obtiennent par cette ruse de ne pas avoir à sévir. Ils pensent que leur gentillesse et leur générosité feront le bonheur de leur enfant et qu'il ne pourra que vouloir les satisfaire à son tour, et ainsi acceptera les interdits sans qu'on ait besoin de se fâcher.

Il faut dire qu'un certain discours de vulgarisation psychologique a favorisé ce type de raisonnement chez les parents : il suffirait d'expliquer aux enfants pourquoi il y a des choses à ne pas faire, ils obtempéreraient sans discuter et deviendraient des enfants bien élevés. Ce n'est presque pas une caricature, même si l'énoncé en est différent. Aujourd'hui, de nombreux jeunes parents ont des représentations de ce genre.

En général, la déconvenue est assez rapide, et cinglante : à partir de quinze-vingt mois, les parents font l'expérience que le fait de ne jamais rien refuser à leur enfant les conduit à une impasse. L'enfant ne reconnaît aucune autorité, mène tout le monde par le bout du nez, et toute la vie familiale – pour ne pas dire le monde entier, vu depuis l'enfant – est organisée en fonction des heures, des besoins et surtout des exigences du jeune seigneur, particulièrement jaloux de ses prérogatives... Plus de conversation possible entre adultes, plus d'intimité dans le couple, l'enfant se livrant alors aux pires bêtises ou venant systématiquement s'interposer entre les parents, sur le canapé, voire dans le lit... Parfois, les mères en viennent à ne plus pouvoir faire les corvées ménagères que pendant que l'enfant dort et ne peuvent aller aux toilettes ou prendre leur douche sans laisser la porte ouverte...

De tels extrêmes ne sont pas rares, et les parents s'en plaignent régulièrement aux auxiliaires, qui les écoutent d'une oreille amusée car, dans la grande majorité des cas, l'enfant sait très bien faire la différence entre la maison et la crèche et ne s'avise pas de faire subir à ses auxiliaires ce qu'il réserve à ses parents le soir...

Le plus souvent, un dialogue fructueux s'engage alors autour de la question des limites. Dans notre travail commun, nous restons conscients que la limite entame la toute-puissance de l'enfant, certes, mais qu'elle vient surtout limiter la jouissance parentale d'être la source de tout bien pour lui. Pour ne pas y renoncer, certains parents sont prêts à tout supporter et demandent inconsciemment aux autres – par exemple aux auxiliaires – de faire dans la journée le « sale boulot » pour se réserver le plaisir de ne pas avoir à s'en occuper le soir. Ce type de comportement se cache souvent sous les meilleures intentions conscientes du monde (ne pas brimer l'enfant, vouloir seulement qu'il comprenne – comme si comprendre suffisait à admettre…).

Nous tâchons de faire entendre aux parents qu'ils sont dans une impasse et qu'il va leur falloir réagir s'ils souhaitent que leur enfant les écoute un peu mieux, pour ne plus être soumis à tous ses desiderata sous peine de colères épouvantables ou de bêtises sans fin. La plupart sont capables de corriger le tir. Cela calme le jeu à la maison, l'enfant ayant toujours plus ou moins entendu les limites à la crèche.

Mais, parfois, certains enfants déjouent nos efforts et ne respectent pas plus de limites à la crèche qu'à la maison. Ils nous poussent dans nos retranchements, nous obligeant à élaborer des réponses qui tiennent compte de leur personnalité et de leur environnement.

Un travail minutieux et approfondi est alors nécessaire pour que la mécanique ne se bloque pas entre l'enfant et son auxiliaire, qui se sent vite coincée dans un interdit permanent et sans résultat : « Je passe la journée à lui dire non ! Je ne fais plus rien d'autre avec lui, et cela ne sert à rien, il n'a de cesse de recommencer. » Ces propos désabusés doivent être entendus comme un appel urgent à comprendre ce qui se joue entre elle et l'enfant, sous peine de rejet ou de désinvestissement.

Nous partons du postulat que la loi symbolique, en tant qu'interdit de jouissance, ne fonctionne que dans la mesure où elle s'appuie sur un échange : si tu renonces à avoir tout, tout de suite, tu pourras recevoir l'amour et l'attention de tes parents et des adultes qui s'occupent de toi. En cela, elle suppose que l'autre (parent ou auxiliaire) joue le jeu, c'est-à-dire qu'il se montre équitable dans ce qu'il demande à l'enfant, et surtout qu'il ne se dérobe pas à ce qu'il lui doit en retour. Par exemple, si l'adulte demande à un enfant de patienter, il doit, à terme, lui donner l'objet promis, et non pas compter sur le fait que l'enfant, avec le temps, finira par oublier. Ou encore, s'il a obtenu que l'enfant se tienne sage, il ne doit pas en profiter pour ne plus s'occuper de lui si la sagesse était requise dans le but de communiquer plus tranquillement avec lui.

Habituellement, quand le comportement difficile d'un enfant résulte du fait que les parents souhaitent simplement ne pas le contrarier et sont prêts à lui faire plaisir à tout prix, il cède aux conseils de bon sens donnés par les auxiliaires dans la relation d'accompagnement. Par contre, si un enfant se bloque dans un comportement d'opposition qui dépasse le cadre habituel, le problème est distinguer provocation et comportem

d'identifier ce qui se joue entre l'enfant et ses parents, afin de distinguer entre « provocation » et « comportement d'appel ». C'est extrêmement important car les réponses à ces deux types de situation qui se ressemblent énormément exigent des réponses absolument différentes.

La question des limites : provocation ou comportement d'appel ?

> Thibault, vingt mois, et Paul, dix-huit mois, interpellent leurs auxiliaires par leur capacité à faire des bêtises à longueur de journée et de manière très ciblée, en visant très explicitement l'interdit. Par exemple, malgré les remontrances et gronderies, ils passent leur temps à monter sur les tables, éparpiller les jouets ou les balles dans toute la pièce, chiper les doudous et les tétines ou arracher les jouets des autres et se sauver en courant.

Les auxiliaires qui évoquent le comportement de ces deux enfants à première vue comparable sont décontenancées. Nous les écoutons attentivement et essayons avec elles de rassembler tout ce que nous savons sur les motivations de chaque enfant, son contexte familial, l'attitude de ses parents, le but qu'apparemment chacun poursuit avec ses « bêtises ». Il devient vite évident que, malgré leurs ressemblances, l'attitude de Thibault et celle de Paul n'ont pas du tout le même sens. Elles ne doivent donc pas recevoir la même réponse.

Thibault est le premier garçon d'un père un peu immature, qui place une fierté assez infantile dans la « virilité » de son fils qu'il voit s'exprimer dans ses bêtises. Il rit à tout bout de champ et trouve très drôle que celui-ci provoque la colère impuissante de ses auxiliaires, ce qu'il vit comme un défi au pouvoir institué. La jouissance que le père éprouve dans cette « revanche » qu'il prend par l'intermédiaire de son fils ne fera pas de lui, du moins dans l'immédiat, un allié dans le marquage des limites de Thibault.

En effet, pour que la loi puisse être intériorisée par l'enfant, il est fondamental, d'une part, qu'elle s'appuie sur un échange et, d'autre part, que les adultes référents se montrent cohérents, en transmettant quelque chose qui ne relève pas de leur désir personnel, mais d'une loi instituée. C'est pourquoi nous cherchons toujours à établir un dialogue avec les parents, afin de conclure une sorte d'alliance avec eux, dans notre lecture du comportement de leur enfant et dans les réponses à lui faire.

Vu ce que nous observons chez le père de Thibault, une telle alliance est improbable. Aussi décidons-nous de partager notre territoire en faisant bien comprendre à Thibault qu'il y a la maison, la famille d'une part, et le dehors – le hors-maison et le hors-famille – régi par une loi différente d'autre part. Nous initions ainsi Thibault à une distinction dedans/dehors et, en tant qu'adultes représentants du monde extérieur, nous lui faisons une réponse qui lui permet de comprendre que l'attitude de son père n'est pas partagée par ses auxiliaires, qui sont aussi des adultes référents. Nous prenons bien soin, dans nos réponses, de ne pas destituer le père, mais simplement de marquer la différence : « Thibault, je sais que Papa te laisse faire ceci et qu'il en est même content, mais à la crèche ce n'est pas pareil. Ici, c'est interdit et nous ne souhaitons pas que tu le fasses. » Nous maintenons nos efforts pour parler avec le père, même s'ils sont infructueux, car la tâche est particulièrement ingrate quand l'enfant se sent « cautionné » : il tient tête longtemps et peut même devenir insolent.

> La situation est tout à fait différente avec Paul. Paul est le troisième enfant d'une famille dont le père est en arrêt longue maladie et la mère, qui assume seule la famille, est au bord de l'épuisement. Le père semble peu en mesure de la soutenir.
> Paul est donc un petit garçon qui cherche désespérément à attirer l'attention de l'adulte, ce qui, entre un père malade, une mère débordée et des frères et sœurs, n'est pas facile. En effet, s'il reste sage, il passe dans la chausse-trappe du débordement, alors que, s'il fait une bêtise, il réussit à tirer ses parents de leur absence psychique et à les faire entrer en relation avec lui.

Compte tenu de ces éléments, une simple réponse soulignant les limites n'a aucune chance d'être efficace avec Paul ; et surtout, elle passe à côté de l'occasion de lui venir en aide.

Les auxiliaires changent donc de comportement. Au lieu de s'épuiser inutilement à lui rappeler les limites, elles font à Paul ce que nous appelons une *réponse paradoxale* : à chaque nouvelle bêtise, elles vont vers lui en disant : « Bon, Paul, je sais que tu sais qu'il ne faut pas le faire, on vient de te le dire. Alors, dis-moi ce qui t'arrive. Tu as peut-être envie que je m'occupe de toi ? Viens me voir, je vais te montrer quelque chose. » L'échange pourra être bref, selon la disponibilité de l'auxiliaire, mais il sera constant et toujours dans le même esprit : elle répète l'interdit et invite l'enfant à passer un moment avec elle, à jouir de sa présence et de son attention.

Dans le cas de Thibault, notre tâche fut ingrate et laborieuse, car la « caution » dont il jouissait de la part de son père lui barrait la voie à une autre identification possible : implicitement, son père lui disait qu'ils étaient « deux contre le monde, deux contre l'ordre établi » et que c'était jouissif. Thibault n'avait aucune raison de ne pas emboîter le pas à cette demande inconsciente et ainsi nous bravait constamment.

En revanche, dans le cas de Paul, notre attitude fut très vite récompensée : Paul se sentit sans doute entendu, il trouva rapidement d'autres moyens d'attirer notre attention et abandonna presque complètement son comportement de « bêtises », qu'il gardait cependant à la maison. Dès lors, le travail des auxiliaires consista à faire entendre aux parents que Paul voulait peut-être attirer leur attention et à leur proposer d'essayer à leur tour la *réponse paradoxale*. Je rencontrai la mère juste avant un départ en vacances. Elle comprit quelle attitude il fallait adopter, et Paul se calma aussi à la maison.

Ainsi, le travail d'écoute est toujours orienté vers une analyse de la situation qui permette de trouver une réponse ou une attitude adéquate qui, bien que toujours orientée vers l'acquisition souhaitée, reste adaptée au contexte de l'enfant, aussi bien à la crèche que dans sa famille.

L'agressivité : marquage de territoire ou comportement d'appel ?

Vers la fin de la première année, la dentition fait son apparition, au moment où se développent à la fois les moyens moteurs et le désir de se faire une place auprès de l'adulte et dans la possession de l'objet – toujours celui de l'autre, c'est la loi du désir chez les humains. Ces conflits de territoire se traduisent, vers douze-quinze mois, par un comportement vécu la plupart du temps comme particulièrement traumatique : la morsure.

On rencontre moins la morsure en famille, encore que la plupart des enfants aient mordu au moins une fois leurs parents ou leurs frères et sœurs. Mais un plus grand ou un parent ont des moyens de ne pas se laisser faire.

Une section de crèche, qui réunit dix à douze enfants d'à peu près le même âge, ou du moins de niveaux de développement comparables, met face à face des rivaux qui partagent les mêmes désirs et les mêmes moyens de les obtenir. Vers la fin de la première année et jusqu'à environ quinze-dix-huit mois, pour la plupart d'entre eux, la morsure est l'argument imparable qui permet de l'emporter dans la lutte contre un adversaire de même taille. À ce jeu-là, il n'y a pas de mordeur qui ne soit mordu ni de mordu qui ne se retrouve mordeur. Cette morsure « marquage de territoire », nous l'acceptons comme un passage obligé pour qu'une limite soit fixée à l'enfant dans son agressivité vis-à-vis de l'autre et l'objet de son désir.

La réponse des auxiliaires, patiente et répétée, consiste à dire à l'enfant qu'il peut être fâché ou ne pas être d'accord, mais qu'il peut obtenir satisfaction autrement, et à séparer les enfants sans chercher à comprendre qui des querelleurs a tort ou raison (la plupart du temps c'est impossible à établir).

Libre aux parents, s'ils le souhaitent, de mordre chez eux leur enfant en retour pour « lui montrer que cela fait mal ». Les auxiliaires ne le font pas : si elles étaient trouvées en train de mordre les enfants, cela serait sans doute assez mal perçu par les parents – que cette explication amuse beaucoup ! Mais, avant tout, il s'agit de faire accepter à l'enfant un interdit : il est interdit de mordre, donc c'est interdit aussi pour l'adulte. Sinon, l'enfant pourrait conclure, à juste titre, qu'il suffit d'attendre d'être le plus grand ou le plus fort pour le faire, et cela ne correspond pas à l'apprentissage que nous voulons lui transmettre.

La plupart du temps, la morsure marquage de territoire cède à la persévérance éducative, et les parents comprennent qu'ils doivent aussi l'interdire fermement à la maison, où elle continue parfois à se pratiquer sous forme de jeux et de chahuts. Mais après que l'enfant a mordu et a été mordu un certain nombre de fois, les explications verbales finissent par prendre le dessus et, peu à peu, les violents corps à corps sont remplacés par des « Pas beau ! » et autres « Pas toi ! », premiers balbutiements de la diplomatie humaine.

Cependant, certains enfants s'installent dans des carrières de mordeurs. Il ne s'agit plus alors d'un marquage de territoire, car les morsures visent n'importe qui et à n'importe quel moment. Ou, du moins, c'est l'impression qu'ont les auxiliaires dans un premier temps.

À partir du moment où un enfant adopte ce comportement, des raisons élémentaires de sécurité obligent à protéger le reste du groupe. Mais son attitude traduit aussi forcément un mal-être qu'il est important d'entendre pour l'enfant lui-même. Ainsi démarre un nouveau travail patient et silencieux : que savons-nous de lui, de ce qui se passe avec ses parents, de ce qui se joue dans sa famille ? qu'est-ce que nous observons dans la journée ? quand cela a-t-il commencé ? est-ce constant ou cela varie-t-il dans le temps, ou encore selon la relation avec certains adultes de référence ?

Martin est le deuxième enfant de cadres supérieurs aisés, un peu débordés par leur activité professionnelle. Soucieux de bien faire, ils ont pris, en plus de la crèche, une aide à domicile sur laquelle ils se reposent entière-

ment pour la gestion du quotidien. Souvent en déplacement ou dans des réunions tardives, la mère comme le père passent peu de temps auprès de leurs enfants et semblent toujours être dans la réparation de ce qu'ils vivent comme un manque.
À la crèche, Martin est un peu absent, difficile à mobiliser et, bien que relativement peu actif, il se montre très agressif avec les autres enfants, d'une manière qui semble « immotivée » à ses auxiliaires. Toutes les tentatives pour lui faire respecter un interdit concernant ses rapports avec les autres échouent. Il n'écoute rien, n'en fait qu'à sa tête, est craint des autres enfants qui ne le cherchent pas pour les jeux ni dans les échanges.
La personne qui s'occupe de lui après sa longue journée de crèche essaye d'y mettre un peu d'ordre – lequel vole en éclats à l'arrivée des parents qui le laissent faire tout et n'importe quoi quand il est enfin avec eux, pour ainsi se dédouaner de leur culpabilité.

L'attitude de Martin nous apparaît vite à la fois comme une identification au laisser-aller de ses parents et une quête éperdue d'une limite qui n'arrive pas : tout semble permis, rien ne vient tracer la limite qui lui permettrait enfin de se positionner. À la crèche, nous avons donc choisi de lui répondre fermement, tout en lui dispensant beaucoup de présence, selon le mode de réponse paradoxale que nous proposons lorsque nous sentons, derrière le comportement d'un enfant, un appel à l'aide. Par ailleurs, nous ouvrons le dialogue avec les parents, qui répondent à nos sollicitations mais semblent incapables de modifier quoi que ce soit à leur fonctionnement.

lui ds morsure mais déplacement
maintien du symptôme est vital

Au fil des mois, Martin cesse de mordre, mais d'autres formes d'appel, plus subtiles, se mettent en place. Le maintien d'un symptôme peut en effet être vital pour un enfant, et son abandon menaçant pour son existence même. Ainsi, il est important que les auxiliaires continuent à prendre en compte les difficultés de Martin sans développer à son égard des défenses telles que le rejet ou le désinvestissement.

> Dans le cas de Johan, troisième enfant d'un couple en grande difficulté, la morsure était aussi un comportement d'appel.
>
> Contrairement à Martin, dont la réponse était chaotique et désorganisée, Johan mordait lorsqu'il était confronté à une expérience de perte : qu'un autre enfant lui ravisse un objet ou une place, qu'un adulte lui impose une limite ou qu'une chute vienne l'empêcher de réaliser son projet, et Johan mordait. Plusieurs enfants par jour. Ses auxiliaires, débordées, ne parvenaient pas à trouver la bonne réponse.

Après qu'il était apparu qu'un simple rappel de l'interdit – aussi ferme soit-il – ne suffisait pas, elles ont eu l'idée – lumineuse ! – de proposer à Johan sa tétine chaque fois qu'il commençait à mordre, en pensant que cela pourrait l'aider par rapport à une détresse dont la rage semblait être la traduction. Par ailleurs, ses parents ont accepté d'entendre que Johan les appelait ainsi, qu'il avait besoin de leur attention, et ont répondu présents.

Les résultats ne se sont pas fait attendre. Johan a rapidement cessé de mordre et a appris à gérer autrement son rapport à la perte : larmes, colère parfois, recherche de l'adulte pour se faire consoler, renouvellement d'une tentative face à un échec sont venus remplacer le passage à l'acte agressif.

Les ressemblances et les différences dans l'histoire de Martin et Johan sont intéressantes. Le comportement des deux enfants est sous-tendu par une détresse et un appel agi à l'adulte tutélaire. Dans le cas de Martin, ce comportement n'est pas organisé comme une réponse face à la perte, il apparaît aussi chaotique que les réponses parentales qu'il reçoit. Dans le cas de Johan, et c'est probablement ce qui fait la différence, ses parents ont eu la capacité d'entendre la dimension de détresse de l'appel de leur enfant. Même si la plupart du temps les parents sont incapables de modifier de façon significative leur propre fonctionnement, leur capacité à admettre le sens du comportement de leur enfant sans s'en défendre peut suffire à permettre à l'enfant de changer de position.

détresse → rage → morsure

8

La clinique du regard

Le travail constant de réflexion mené par l'équipe autour de l'accompagnement des enfants se révèle particulièrement fructueux lorsqu'un enfant rencontre une difficulté de parcours.

Une des idées reçues les plus fréquentes et les plus fausses est que le bébé se développe parce qu'il grandit, et qu'il grandit parce que le temps passe. Une telle idée induit des réponses d'attente : « Ça va passer », « Il va grandir », qui peuvent être complètement inadaptées dans certaines circonstances.

La mise en place du regard

Une des étapes fondamentales dans le développement de l'enfant au cours de la première année est marquée par l'apparition du regard, fonction psychique de communication, articulée à la vision, mais qui ne se confond pas avec elle.

Dès les premières minutes qui suivent la naissance, si les choses vont suffisamment bien pour un bébé, il accroche du regard. C'est-à-dire que l'adulte tutélaire, l'autre de la rencontre primordiale – ses parents à l'occasion –, a tout de suite le sentiment d'être regardé par le bébé et de pouvoir à son tour le regarder. Cela a pour conséquence immédiate la mise en place de ce qu'on appelle, selon la terminologie interactive, le dialogue œil à œil.

Selon Jacques Lacan, tout comme l'objet oral, qui est constitué à la fois par l'aliment et par la dimension symbolique du don qui l'accompagne, l'objet scopique est double[1] : au-delà de la capacité sensorielle de voir, il s'accompagne de la signification de regarder et d'être regardé, d'être vu par l'autre, au sens d'exister pour lui.

Lacan nous apprend aussi que, pour que le regard du bébé se constitue, il faut que la mère, du côté de l'autre, le regarde aussi, c'est-à-dire ait une représentation psychique de lui, une image de lui à laquelle le bébé vient s'identifier.

Cette mise en place du regard, en tant que fonction psychique, indicateur de présence, est problématique si les circonstances qui entourent la naissance sont difficiles. Ainsi, les bébés en souffrance ou élevés par des mères en souffrance peuvent présenter des *temps de*

1. Jacques Lacan, « La schize de l'œil et du regard », in *Séminaire XI, Les quatre concepts fondamentaux de la psychanalyse*, Seuil, 1973. Lacan appelle « pulsion scopique » tout ce qui intéresse la question du regard.

vacillation du regard, périodes, de quelques jours à quelques semaines, parfois quelques mois, où le bébé évite le regard ou semble ne pas l'accrocher.

On soumet souvent ces bébés à des explorations neurologiques car on suspecte un déficit sensoriel, tant l'idée que la perception humaine nécessite un ajustage entre un fonctionnement d'organe et un appareillage signifiant est encore loin d'être acquise. Pourtant, les enfants autistes, eux qui n'ont pas de regard alors qu'ils voient, sont là pour nous prouver qu'il ne suffit pas de voir pour regarder ; en revanche, il n'est pas impossible de regarder lorsqu'on ne voit pas, de nombreuses études l'ont mis en évidence chez des bébés aveugles[1].

Le regard de Laura, ou le regard n'est pas la vision

Laura, arrivée à la crèche à l'âge de trois mois et demi, est un bébé calme et placide, qui interpelle immédiatement son auxiliaire de référence parce qu'elle n'accroche pas le regard[2]. Nous observons aussi que sa mère ne la regarde pas non plus.

1. Des études comparatives entre des bébés aveugles et des bébés autistes mettent en évidence qu'un bébé aveugle a un *regard* même s'il n'a pas la vision, et que le bébé autiste, tout en ayant la vision, n'accède pas au regard. Dans les années 1980, S. Freiberg, aux États-Unis, a prouvé que les bébés aveugles répondent au regard de leur mère : ils sourient en touchant son visage, ils appellent en entendant sa voix.

2. Nos équipes d'auxiliaires sont très entraînées à l'observation des bébés qu'elles accueillent.

Laura présente des signes pré-autistiques, et nous sommes fort inquiets : elle se manifeste peu, ne réclame rien, commence à faire des jeux de doigts devant ses yeux et s'intéresse un peu trop à son mobile au-dessus de son berceau[1]... La maman semble éviter de voir que nous regardons Laura et que nous la voyons ne pas nous regarder, et notre inquiétude grandit... Après maintes concertations en réunion, nous décidons de respecter son évitement, dans un premier temps, tout en essayant d'entrer en relation avec Laura, ce qui se révèle impossible : Laura ne répond pas, Laura s'enferme de plus en plus dans son univers circulaire.

Lorsque Laura a quatre mois révolus[2], nous décidons en équipe de faire intervenir le médecin de la crèche, afin qu'il informe la maman de nos craintes. Le médecin nous semble en effet le mieux placé pour le faire sans être trop persécuteur. Nous apprenons ainsi que la maman a pris un rendez-vous en ophtalmologie, pour faire vérifier la vision de Laura. Nous attendons alors avec impatience les résultats des examens.

Le diagnostic tombe : Laura souffre d'une cataracte congénitale évolutive à l'œil droit, qui lui a presque totalement fait perdre la vue de cet œil, elle ne distingue que des ombres. Il faut immédiatement qu'elle porte des lunettes avec des caches plusieurs heures par jour, et une intervention chirurgicale est programmée.

---

1. Ces signes sont bien connus comme apparaissant chez des bébés qui s'organisent au cours de la deuxième année sur un mode autistique.

2. Quatre mois est l'âge auquel intervient le premier examen de dépistage d'un risque d'organisation autistique (recherche PREAUT, actuellement en cours sur une dizaine de départements français).

Le diagnostic fait effet d'interprétation pour la mère. Tout se passe comme si elle pouvait se dire : « C'est donc pour cela que ma fille ne me regardait pas ! », à la place de : « C'est parce que je ne suis pas une mère suffisamment bonne... ». Conséquence immédiate, le regard maternel se constitue et Laura s'identifie aussitôt à l'image d'elle-même que sa mère lui adresse enfin : dans les quarante-huit heures, elle se met à regarder !

L'histoire de Laura me semble exemplaire à plusieurs titres. D'une part, ce n'est pas parce que Laura ne *voit* pas qu'elle ne *regarde* pas : le lendemain du diagnostic, sa vue n'a pas encore progressé et elle nous regarde déjà ! Le regard se met en place parce que quelqu'un nous regarde, c'est-à-dire nous propose, dans son regard, une image de nous-mêmes[1]. La particularité du regard de Laura, son anomalie visuelle, faisait que sa mère, en miroir, se sentait déstabilisée : sa fille refusait de la regarder – du moins ainsi le ressentait-elle –, sa fille ne l'aimait donc pas. Pour se protéger contre l'insupportable, la mère s'était mise à l'éviter et, sa mère ne la regardant pas, Laura ne pouvait pas se regarder en sa mère, ni la regarder non plus.

Les traitements ophtalmologiques ont pu être scrupuleusement suivis, avec l'aide du personnel de la crèche, et Laura a rapidement évolué. Elle est devenue une

1. On peut aussi lire à ce propos l'article de Winnicott, « Le rôle de miroir de la mère et de la famille dans le développement de l'enfant », in *Jeu et réalité*, *op. cit.*

petite fille espiègle, qui fait plutôt marcher sa maman, laquelle a du mal à lui fixer des limites !

L'histoire de Laura est aussi intéressante du point de vue de l'impact du suivi de prévention et de ses limites : la mère a très bien perçu notre vigilance, mais du fait qu'elle a choisi de ne pas nous en parler, nos tentatives d'entrer en communication avec Laura sont restées infructueuses, car nous n'avons pas été autorisés par la mère à faire partie du champ de l'autre pour Laura.

Si les choses ne s'étaient pas dénouées rapidement, nous aurions probablement pris sur nous d'interpeller la maman pour savoir si tout ce qui était possible était fait pour Laura, même si elle ne semblait pas nous le demander. Notre non-intervention, qui n'exclut pas la vigilance, trouve sa limite lorsque ce que nous observons nous semble nécessiter une réaction rapide. À ce moment-là, nous interpellons les parents, même s'ils restent maîtres de la suite qu'ils donneront à notre sollicitation.

La mimique de Pauline, ou le regard est le seuil du monde visible

Quand elle arrive à la crèche, à trois mois et demi, Pauline offre un faciès particulier. Sa maman nous informe aussitôt que Pauline est atteinte du syndrome de Noonan, syndrome génétique assez rare qui comporte des risques malformatifs ainsi qu'un déficit de la croissance et de la fertilité. Bien qu'elle en présente une forme

mineure, de lourdes craintes quant à son devenir pèsent sur elle.
Les informations que nous obtenons sur ce syndrome mal connu sont floues et ne nous laissent pas nous représenter l'évolution de Pauline. Dès ses premiers temps à la crèche, celle-ci fait l'objet de soins tout particuliers de la part de son auxiliaire, qui ne cache pas cependant qu'elle se sent inquiète à l'idée de « ne pas faire comme il faut ».

Cette réaction, souvent induite par un problème médical lourd ou un handicap, a l'inconvénient de produire, chez l'adulte qui s'occupe de l'enfant, une attitude réglée par rapport à la difficulté davantage qu'à l'enfant lui-même en tant que personne. Tout se passe comme si l'adulte ne voyait que le handicap, l'enfant n'étant plus un sujet mais un objet de soins, les réponses de l'adulte se réduisant à une conduite purement opératoire plutôt qu'à un langage.

Quelque temps plus tard, les auxiliaires m'attendent avec impatience à la crèche, car la maman leur a dit que, selon le neuropédiatre, lorsque Pauline mangerait à la cuillère, elle parlerait ! Cela a bien sûr créé une immense attente chez elles, mais aussi une grande perplexité : Pauline, savent-elles, risque aussi de faire des fausses routes, ce qu'elles redoutent par-dessus tout, c'est pourquoi elles n'osent pas encore lui donner à manger à la cuillère.

Ayant réfléchi aux propos du neuropédiatre, je déclare tout simplement que je ne peux pas me prononcer là-dessus, mais qu'il y a une chose qui me semble importante, c'est que Pauline prenne du plaisir en se nourrissant. Et je demande aussitôt à son auxiliaire de référence si Pauline apprécie ce qu'elle lui donne à manger.

Silence et consternation : on ne s'est jamais posé la question de savoir si Pauline aime ou pas ce qu'on lui donne, tellement on est préoccupé par le fait qu'elle avale bien, sans faire de fausse route ! Pauline exprime-t-elle du plaisir ou du déplaisir ? L'auxiliaire ne sait pas. Je lui demande alors si elle, quand elle la nourrit, lui exprime le plaisir qu'elle éprouve à lui donner quelque chose de bon, avec des « Mmm ! mmmm ! » par exemple. L'auxiliaire pâlit : « Je le fais avec tous les autres enfants, mais pas avec Pauline ! »

Je conseille aussitôt à l'auxiliaire de cesser de se préoccuper autant de la façon dont Pauline avale, pour être davantage avec elle dans un plaisir partagé.

C'est la fin de la réunion et bientôt l'heure du goûter : l'auxiliaire s'en va de ce pas signifier à Pauline tous les délices qu'elle aura à lui proposer pour son goûter !

Dès la semaine suivante, Pauline montre, ostensiblement, ce qu'elle aime et ce qu'elle n'aime pas. L'exemple est probant : en quelques jours, elle a acquis les mimiques socialisées de plaisir et de déplaisir, aussitôt qu'elles lui ont été présentées en miroir…

La dynamique du miroir

Lorsqu'un enfant présente un problème, on ne se comporte pas avec lui de la même manière spontanée qu'avec les autres, et on met en place, sans s'en rendre compte, un déficit de transmission, qu'on détecte ensuite comme un déficit chez lui. C'est ce qui s'est passé avec Pauline : l'absence d'acquisition des mimiques socialisées de plaisir et de déplaisir a été prise pour un déficit chez Pauline, alors que c'est dans le champ de l'autre que le déficit se trouvait !

Il est utile de rappeler ici la dynamique du miroir, pour montrer comment la dysmorphie ou d'autres atteintes visibles peuvent être à l'origine de difficultés d'investissement de type narcissique : dans le miroir de nous-mêmes que l'enfant nous tend alors, on n'a pas envie de se mirer.

Bien des formes déficitaires sont certainement fabriquées comme cela. Elles peuvent être évitées si on prend conscience de la manière dont on réagit vis-à-vis de l'enfant, compte tenu de notre représentation de sa difficulté. Dans l'exemple de Pauline, le fait – incontestablement légitime – de veiller à sa survie en l'empêchant de faire une fausse route a constitué l'attitude source du déficit. On aurait pourtant tôt fait de l'attribuer à sa maladie.

Il me semble aussi important de souligner que, contrairement à ce que nous avons vécu avec Laura, la maman de Pauline, par la confiance qu'elle nous accordait, nous autorisait d'emblée à faire partie du champ de l'autre pour Pauline. C'est ce qui explique que le changement d'attitude de l'auxiliaire de Pauline ait eu un effet immédiat sur elle, alors que les tentatives de l'auxiliaire de Laura pour lui venir en aide sont restées infructueuses jusqu'au changement d'attitude de la mère à notre égard.

9

Pourquoi faut-il parler aux enfants ?

Comment les enfants se mettent à parler ? La question a fait couler beaucoup d'encre, et d'innombrables auteurs de tous horizons ont apporté leur contribution. Il serait difficile de résumer ici la richesse de ces travaux. Je me bornerai donc à évoquer comment Freud et Lacan ont envisagé cette question, car c'est à partir de leur pensée que j'ai forgé mes outils de travail. Freud, le premier, a proposé l'idée qu'une parole ne devient une parole que si quelqu'un l'entend, et il a employé l'image du mot d'esprit qui tombe à plat si personne n'en rit. Ainsi, dit-il, le destin d'une parole est davantage dans l'oreille de celui qui l'écoute que dans la bouche de celui qui l'émet[1].

Lacan, lui, parle de la pulsion invocante[2], dont l'objet est la voix, dans sa matérialité acoustique, en tant que

1. Sigmund Freud, *Le Mot d'esprit et ses rapports avec l'inconscient*, « Idées », Gallimard, 1981, p. 237.

2. Voir l'article sur la pulsion dans le *Dictionnaire de psychanalyse*, *op. cit.*

support premier de la communication. Ainsi, dès le cri de la naissance, entendu comme un appel par sa mère, l'enfant est promu au statut de sujet parlant, bien avant toute parole parlée. Ses pleurs deviennent signifiants aux oreilles qui l'écoutent. C'est l'attribution de sens maternelle qui renvoie à la question de l'aliénation primordiale, première opération fondatrice du psychisme[1].

Depuis, de nombreuses études psycholinguistiques ont mis en évidence l'importance d'une modalité particulière de l'adresse au bébé – que les psycholinguistes ont appelée le « maman*ais* » comme on dit l'angl*ais* ou le japon*ais* –, que toutes les mamans savent parler, quelle que soit leur culture. Cette modalité est essentiellement marquée par une prosodie et une hauteur particulières de la voix[2], qui constituent des indices hautement investis par le bébé et sont éminemment relationnelles, car l'adulte ne sait pas les émettre s'il n'est pas en présence du bébé.

À partir de ces trois idées :

– la parole est fondée par l'oreille qui l'écoute ;

– la parole ne se réduit pas au mot, au sens de l'émission linguistique verbale ;

– il y a une qualité particulière de l'adresse à l'enfant qui la lui rend audible,

1. Voir, à propos de l'aliénation/séparation, l'article sur l'aliénation, p. 14, dans le *Dictionnaire de psychanalyse*, *op. cit*.

2. Voir « De l'interaction mère-bébé au dialogue mère-bébé », de S. Ferreira, in *La Psychanalyse de l'enfant* n° 16, Association freudienne internationale, Paris, 1995.

je me suis mise à réfléchir à ce que pouvait signifier l'injonction admise par tous : « Il faut parler aux enfants. »

Quelle que soit la théorie de référence, tout le monde s'accorde en effet sur ce point. La méthode de Loczy en fait même un de ses postulats : l'auxiliaire, en situation de soins, doit s'adresser sans cesse à l'enfant, en « lui expliquant ce qu'elle va lui faire[1] ». Une telle conception suppose que l'enfant est déjà dans le langage. Nous sommes de plain-pied dans le cadre d'une communication verbale, entre deux sujets constitués. Par contre, j'ai trouvé peu d'éléments sur ce que l'enfant, lui, dit. L'insuffisante prise en compte de la parole de l'enfant explique peut-être pourquoi, dans la plupart des observations que j'ai pu faire auprès des équipes qui appliquaient cette méthode, j'ai relevé un caractère mécanique, plaqué, mal ajusté à ce qui se jouait entre l'adulte et l'enfant.

Aux antipodes de cette approche me paraît se situer l'attitude de Françoise Dolto, qui considère qu'on peut s'adresser au bébé dès l'aube de la vie et lui tenir des propos qu'il comprend. Cette idée qui se dégage – peut-être à tort – de la pensée doltoïenne, que le bébé comprendrait la signification des mots, a cependant été à l'origine de plus d'une caricature en matière de ce qu'il « faut dire aux enfants ».

Au fil des années et de mon expérience s'est fait jour en moi l'idée que parler devait signifier écouter l'enfant,

1. M. David et G. Appell, *Loczy ou le maternage insolite*, *op. cit.*

pour lui prêter des mots. À partir de là, nous avons été attentives, avec les auxiliaires, nous avons échafaudé des hypothèses sur ce que l'enfant voulait nous dire, pour lui proposer des mots, tout en restant à l'écoute de ce qu'il nous dirait en retour, voir si cela conforterait – ou pas – nos hypothèses.

Certains me reprocheront de pousser les auxiliaires dans l'art difficile de l'interprétation. Soit, mais l'interprétation des auxiliaires vise simplement l'attribution de sens au faire de l'enfant – de même que l'interprétation maternelle[1] –, et s'assortit d'une interrogation, c'est-à-dire qu'elle ne s'impose pas comme l'énoncé d'une vérité.

Voyons ce qu'il en est à travers quelques exemples cliniques.

Chez les petits : Johan, qui geint toute la journée

Johan est le deuxième garçon d'une maman que nous connaissons bien. Son aîné a séjourné à la crèche et vient de la quitter pour l'école maternelle, voici quelques mois. À l'époque, j'avais déjà été amenée à ren-

1. À propos de l'interprétation maternelle, Lacan considère qu'à l'origine le sujet se trouve « happé » dans les signifiants de l'autre (maternel), mais il désigne cette opération comme le début nécessaire de la vie psychique, malgré son côté aliénant. Pour Freud, le mot d'esprit se voit accorder par la « tierce personne », dans un mouvement de « sidération et lumière », un statut de création du sujet : c'est ce que la mère fait en permanence pour son bébé lorsqu'il s'engage dans la parole.

contrer cette maman à propos de difficultés d'investissement : elle se montrait particulièrement intolérante vis-à-vis des manifestations de son enfant. Le désinvestissement de l'aîné s'accentue lors de la grossesse du second, et Johan, avant même sa naissance, semble surinvesti par sa mère.
À son arrivée à la section des bébés, à quatre mois, Johan est un bébé chétif, qui a du mal à laisser partir sa maman. L'adaptation est laborieuse et, au cours des premières semaines, ses auxiliaires ont du mal avec lui, car Johan geint toute la journée.
Au bout de quelques semaines, elles sont désespérées. Rien n'y fait, Johan continue à geindre toute la journée, et tout ce qu'elles essayent de mettre en place pour le satisfaire est voué à l'échec.

Au fil des jours, les réponses des auxiliaires deviennent, en miroir, aussi peu différenciées et aussi permanentes que les gémissements de Johan, les exposant à l'épuisement. Elles en parlent en réunion et nous cherchons ensemble à comprendre ce que Johan peut vouloir dire par ses gémissements. Compte tenu du nombre de réponses imaginées qui ont échoué, nous partons sur l'idée qu'il ne dit rien, au sens où sa mère n'a pas accordé à ces plaintes une valeur de langage, l'ayant sans cesse dans les bras lorsqu'il est avec elle. Ce corps à corps permanent semble constituer tout le contact qui existe entre Johan et elle. Johan geint aussi à la maison quand elle le pose – les auxiliaires l'ont vérifié –, mais la mère répond toujours sur le même mode : elle le reprend aussitôt dans ses bras.

Ainsi, il nous semble que, à travers ses gémissements, Johan *ne parle pas encore*, au sens où, quand il les émet, il reçoit pour toute réponse la reconstitution de l'unité primordiale, sans qu'aucune autre signification ne puisse se faire jour.

Après cette réflexion, nous adoptons une stratégie claire : à ses gémissements *continus*, les auxiliaires répondront de manière *discontinue*, pour lui signifier qu'à certains moments elles peuvent s'occuper de lui et, à d'autres, non. Nous créons ainsi pour Johan deux temps bien différenciés : un temps *avec* et un temps *sans*[1].

Cette attitude, qui semble relever du simple bon sens, a pourtant une visée complexe. En effet, le bébé ne peut organiser son rapport avec le monde extérieur que si celui-ci répond à certains moments et s'absente à d'autres, lui laissant ainsi la possibilité de l'évoquer. C'est dans l'effort de l'évocation que les processus de pensée du bébé émergent. Freud explique que, lorsque le sein s'absente, le bébé « hallucine la satisfaction » qu'il lui procure quand il est là, et que c'est ce qui constitue le début de ses processus de pensée.

Ainsi, au lieu de se trouver prisonnières des tentatives de réponse permanentes et infructueuses aux gémissements permanents de Johan, qui étaient sur le point de les

1. Ce n'est pas sans rappeler l'injonction de la méthode de Loczy concernant la différence de la position de l'auxiliaire dans le soin et l'intersoin. Je m'appuie également sur l'idée de Lacan que le premier signifiant est un trait différentiel absolu.

rendre rejetantes, les auxiliaires sauront qu'elles répondent correctement en s'en dégageant sans culpabilité.

Et en effet, au bout de quelques jours, les gémissements de Johan sont devenus discontinus, comme la réponse qui leur était faite : ils avaient pris valeur de langage. Se sentant écouté, Johan s'est montré capable de vaquer à ses occupations et un intérêt tout à fait nouveau pour le monde extérieur s'est fait jour chez lui.

Parallèlement, des mots sont apparus. Avec l'aide de ses auxiliaires, Johan est entré dans le langage.

Chez les moyens : Paul, qui dit en faisant

Paul est un petit garçon de deux ans dont les parents sont peu disponibles : une nounou vient le chercher à la fin de la journée à la crèche et ainsi ils ne voient leur enfant que très peu de temps chaque soir, car le week-end ils sont souvent en famille ou de sortie. Paul a donc très peu de contacts personnalisés avec ses parents.

Paul fait de l'eczéma depuis qu'il est bébé. Son médecin traitant et le dermatologue qui le suit ont laissé entendre aux parents que Paul avait besoin d'eux. Le père a réagi très agressivement à cette remarque, en lançant au médecin qu'il se mêlait de ce qui ne le regardait pas.

Depuis longtemps, Paul a aussi des difficultés pour accepter les limites ; il fait de la provocation, c'est-à-dire qu'il connaît très bien les interdits, mais s'en sert pour attirer l'attention de l'adulte. Ce comportement s'accentue lorsque l'un de ses parents est présent. Par exemple lorsque son père, un soir, exceptionnellement, vient le chercher, alors qu'il jouait calmement, il se met à tout renverser et à taper son camarade. Par ailleurs, des troubles du sommeil sont apparus : Paul se réveille plusieurs fois la nuit pour réclamer à boire et des câlins. Enfin, il parle peu et s'exprime mal.

Devant la difficulté à mobiliser l'attention des parents, nous avons décidé d'offrir à Paul une attention particulière : sa participation sera sollicitée aussi souvent que possible, afin de lui assurer une place auprès de l'adulte, même occupé, et des *réponses paradoxales*[1] lui seront proposées chaque fois qu'il testera les limites.

Un jour se produit un incident : Paul, qui se montre très opposant, finit par être écarté de l'accompagnement de l'adulte. Son auxiliaire, Noémie, quitte la pièce, le laissant là. Aussitôt la porte refermée, Paul se précipite sur Élodie et lui tire les cheveux. L'autre auxiliaire, Suzanne, qui a observé toute la scène, s'adresse à lui, tout en consolant Élodie : « Paul, pourquoi tu as fait ça ? Tu es en colère ? » Paul acquiesce. Suzanne : « Contre qui ?... Contre Noémie ? » Il acquiesce. Suzanne : « Alors, quand elle va revenir, tu vas le lui dire. Ce n'est pas Élodie qui t'a fâché. »

Dès que Noémie revient dans la pièce, Paul se précipite vers elle et se tire les cheveux. Suzanne met alors en

1. Voir chapitre 7, p. 93.

mots pour Paul ce qui s'est passé, et ainsi Paul et sa référente peuvent s'expliquer.

Ce faisant, nous avons signifié à Paul que, par son *faire*, il a *dit*, que nous avons entendu son *dire* et que c'est son dire que nous mettons en mots.

Les difficultés de Paul avec ses parents sont restées inchangées, mais dans l'échange avec ses adultes de référence à la crèche, Paul a eu la possibilité d'être entendu et de se faire prêter des mots pour exprimer ce qu'il ressentait.

Grâce à l'écoute attentive de ses auxiliaires, le dire de Paul a pu passer d'un pur agir à une expression verbale.

Chez les grands : Chantal, qui ne dit pas ce qu'elle dit

> Chantal, deux ans et demi, assaille son auxiliaire de questions incessantes dont elle connaît la réponse, évidente. L'auxiliaire n'est pas seulement épuisée, elle est aussi perplexe et elle cherche à comprendre ce qui se passe.
> Exemple : les auxiliaires sont à table avec le groupe d'enfants. Chantal commence, montrant son assiette qui contient une salade de tomates : « Ce sont des tomates ? » Si son auxiliaire répond par l'affirmative, Chantal repose la question quelques minutes plus tard. Si elle lui répond qu'elle le sait pertinemment, Chantal recommence malgré tout.

Analysant ce qui se passe pour Chantal en réunion, nous nous apercevons qu'elle est la petite fille d'une maman isolée, qui a très peu de temps pour elle. Chantal, très en avance sur le plan du langage, est capable de tenir une véritable conversation. Tout se passe comme si elle faisait un véritable agrippement[1] au langage !

J'émets l'hypothèse que Chantal cherche simplement, non pas une réponse à sa question, qu'elle connaît effectivement, mais à engager la conversation. Avec son auxiliaire, nous décidons donc de répondre avec des commentaires, donc en acceptant d'engager la conversation avec la petite Chantal : « Hé oui, ce sont des tomates ! Tu aimes les tomates ? Est-ce que ta maman te fait des tomates aussi ? », etc. Ainsi, nous nous intéresserons authentiquement à Chantal et entrerons en communication avec elle.

Le résultat ne se fait pas attendre : Chantal devient encore plus bavarde mais cesse de poser des questions incessantes et évidentes.

Avec l'aide de ses auxiliaires, Chantal a pu passer de l'agrippement au langage à la communication par le langage.

1. La notion d'agrippement renvoie à des tentatives très archaïques chez les bébés en souffrance pour assurer le fil de la continuité psychique. Même si cela relève de pathologies plus lourdes, ces symptômes peuvent se trouver *a minima* chez l'enfant au développement normal, comme Chantal.

Parler aux enfants signifierait-il alors les écouter ?

Ces trois exemples renvoient à la même question : comment s'engage, pour tout sujet, l'entrée dans le langage ?

Dans un premier temps, il faut que l'autre de la relation fasse une attribution de sens, comme dans le cas de Johan, pour que le sujet puisse s'en saisir et le renvoyer à son tour comme une demande.

Dans un deuxième temps, il faut que les signaux envoyés par l'enfant – son comportement, ce qu'il nous donne à voir, ce qu'il met en scène – puissent être entendus comme du langage. Seule l'écoute attentive de l'autre peut le lui restituer en mots, comme ce fut le cas pour Paul.

Enfin, dans un troisième temps, alors même que l'enfant est déjà largement engagé dans l'échange verbal, il faut que l'autre puisse entendre, au-delà de son énoncé, l'énonciation de son désir, pour pouvoir y répondre, comme dans les questions énigmatiques de Chantal.

Bien d'autres situations auraient sans doute mérité nos commentaires, mais ce qu'il me semble important de retenir, c'est que pour pouvoir parler aux enfants, il faut d'abord être capable d'entendre ce qu'ils ont à nous dire, ce qui suppose de les écouter plutôt que de leur parler !

10

Histoires d'enfants différents

L'histoire de César, ou la prévention au quotidien

César arrive à la crèche à quatre mois. Il est le premier enfant d'une mère jeune et bien portante, et d'un père légèrement plus âgé, qui a déjà un enfant d'une précédente union. La mère semble un peu immature et débordée par la naissance de César, qui se présente cependant comme un très – peut-être trop ? – sage petit bébé.

À son arrivée à la crèche, César n'accroche pas du regard, se manifeste peu et ne semble prendre aucun plaisir à s'alimenter. Le contact est difficile à établir et César gazouille peu. Les efforts des auxiliaires pour le solliciter rencontrent un succès modeste, tout comme leurs tentatives d'interpeller la mère : elle semble ne pas *voir* son fils, au point que nous avons le sentiment de ne pas parler du même bébé. En effet, autant il semble à nos yeux fragile et en grand besoin d'être entouré et contenu, autant il semble, à ses yeux, encombrant et persécuteur.

Le matin, elle le dépose comme un paquet, et elle revient le chercher le plus tard possible, alors qu'elle travaille à proximité, dans une administration aux horaires confortables. Matin et soir, ses transmissions restent laconiques, voire inexistantes, sauf pour se plaindre des contraintes et difficultés que lui apporte l'obligation de s'occuper de César.
Les semaines s'écoulent. César geint, continue à éviter du regard et a toujours aussi peu d'appétit, son poids stagne. Toutes les tentatives de mobiliser l'attention maternelle sur ces signes silencieux restent infructueuses.
Vers l'âge de sept mois apparaissent des troubles persistants de l'endormissement que César semble littéralement avoir mis en place pour se faire entendre de sa mère : en effet, elle ne tarde pas à s'en plaindre, et l'équipe de la crèche lui propose de me rencontrer.
Dès la première rencontre, elle me parle sans difficulté ni culpabilité apparente de sa « surprise » à la naissance de César : elle m'avoue que, quand elle a accouché, elle ne s'attendait pas du tout à voir arriver un petit être à ce point démuni, passif et dépendant, auquel elle ne comprend rien. Elle reconnaît même en avoir été embarrassée comme un poisson d'une pomme ! À ma question de savoir *qui* elle attendait en accouchant, elle répond : « Je m'attendais à avoir tout de suite un enfant… grand, de… disons trois ans, qui parle et court partout, et avec qui j'aurais pu tout de suite faire du cheval (son activité favorite) ! » Et elle ajoute que, tout à fait franchement, elle trouve le temps long en attendant qu'il grandisse !

À l'issue de cet entretien, nous savons ce qui arrive à César : l'immaturité, voire l'infantilisme de cette jeune femme, fait d'elle un autre qui ne *voit* pas son bébé, littéralement, et qui ne s'aperçoit pas des effets que cela a sur lui.

Face à César, elle semble tout entière occupée par les absences du père, qui travaille trop, rentre tard, et ne la relaye pas suffisamment auprès de l'enfant. Elle se sent abandonnée et enfermée, empêchée de vivre par César qu'elle traîne comme un fardeau.

Au fil des mois, César nous inquiète de plus en plus par sa difficulté à entrer en contact et ses pleurs inconsolables. À la fin de la première année, dès qu'il acquiert la marche, il se met à déambuler sans but fixe, doudou et pouce en bouche, n'investissant le rapport ni à l'adulte ni aux autres enfants…

Les rencontres – pourtant régulières – proposées à la mère sont difficiles : elle ne demande pas à être aidée, et semble seulement désirer être débarrassée de César. Elle s'absente fréquemment, le laisse de plus en plus tard à la crèche, le confie sans cesse aux grands-parents. Elle semble figée dans la position de la petite fille qui attend le retour du père (est-ce bien de celui de César qu'il s'agit ?), à qui elle reproche son absence et son manque d'aide pour la lourde tâche qui lui revient : s'occuper de cet enfant incongru, qui n'a pas encore trois ans ! Contre quel fantasme de dévoration archaïque lutte-t-elle en rejetant si violemment l'état de dépendance de César ? Dans quel danger d'abandon, de désorganisation, l'absence du père la projette-t-elle ?

La question pour César, en tout cas, n'est pas d'avoir affaire à un désir absent, mais à un désir qu'il ne peut satisfaire : il ne peut atteindre la position d'être ce que sa mère désire.

Lorsqu'il a dix-huit mois, survient ce qu'il est convenu d'appeler un « accident domestique » : alors que sa mère est très occupée à charger la voiture pour un départ en vacances – elle s'apprête à le confier pour la énième fois à ses grands-parents –, César échappe à sa vigilance et avale jusqu'à la lie l'huile contenue dans une lampe Berger, ce qui entraîne son hospitalisation immédiate aux urgences, avec lavage d'estomac. Son état nécessite plusieurs jours d'observation à l'hôpital, et a pour conséquence, bien entendu, d'empêcher sa mère de partir !

Il me semble tout à fait possible de considérer cet acte de César comme un passage à l'acte, face à l'*acting out* de la mère, qui met une fois de plus en scène le laisser-choir qui caractérise son rapport à l'enfant. Ce type de comportement d'appel face à un désir inaccessible nous est beaucoup plus familier dans les tentatives de suicide adolescentes. La satisfaction maternelle existe, mais César ne peut pas la lui procurer : c'est son insuffisance phallique qui détermine sa dépression.

César erre toujours, évite du regard et geint sans cesse, mange peu et grossit mal, et à deux ans ne dit pas un seul mot. Mais tout cela reste imperceptible pour sa mère.

Alors que César a un peu plus de deux ans, sa mère *entend* pour la première fois ce qui se passe avec lui. À ma question de savoir si César aime ce qu'elle lui propose, elle répond, sidérée, et avec sa fraîcheur habituelle : « Mais vous avez raison, je lui donne une pomme, mais l'idée de lui demander s'il a envie d'une pomme ne me vient pas. » Et brusquement, l'aspect mécanique de ses échanges avec César lui devient évident.

À la suite de cette rencontre, j'alimente l'espoir que quelque chose va pouvoir se modifier entre César et sa mère. Il n'en est rien : j'apprends quelques mois plus tard que la mère a engagé une deuxième grossesse le lendemain de notre entretien ! Le nouveau bébé draine sur lui l'investissement maternel, et César se retrouve, encore une fois, en panne. Et il continue, cahin-caha, au bord de l'effondrement, au bord d'une possible non-existence, son père toujours absent et sa mère hors d'atteinte, soutenu à bout de bras par les auxiliaires.

Et puis César atteint enfin l'âge tant attendu de trois ans – signifiant énigmatique du désir inconscient maternel – et quitte la crèche pour l'école. Il est déjà parti quand sa mère a demandé à me revoir car « cela se passe très mal à l'école » : César est très collé à elle, a beaucoup de mal à la quitter, elle rêve maintenant de rester à la maison pour s'occuper de lui.

Je reçois ce jour-là un César transfiguré, très collé en effet à sa mère qui l'a enfin *rencontré*, dans un véritable lien et non dans l'agrippement désespéré que nous lui connaissions. Je fais aussitôt un pronostic favorable à la difficulté, et félicite César et sa maman d'être si contents d'être ensemble.

En effet, au bout de quelques semaines, les toutes nouvelles difficultés de séparation s'estompent et César se met à vaquer à ses tout aussi nouvelles occupations découvertes dans le monde extérieur.

César a été, au cours de ses deux premières années, dans un état d'effondrement dépressif. Je reste persuadée que, sans l'investissement massif et persévérant de ses auxiliaires qui ont assuré le portage psychique, et sans l'accompagnement de la mère qui pourtant ne s'apercevait de rien et ne demandait rien, son évolution aurait été problématique.

Même s'il y a eu cette sorte de rémission spontanée lorsqu'il a atteint la représentation du désir inconscient de sa mère, en tout cas au moment où la question archaïque semble suffisamment écartée pour qu'elle puisse l'investir, il est probable que César gardera au fond de lui, pour toujours, une ligne de fracture qui le rendra particulièrement sensible aux problématiques abandonniques. J'ai souvent pensé en le voyant que c'était peut-être comme cela qu'on fabriquait les névroses d'abandon qu'on trouve en analyse à l'âge adulte.

Le travail accompli autour de César

L'intervention que permet un lieu de vie n'est pas à proprement parler thérapeutique, mais il me semble qu'on peut la considérer comme à impact thérapeutique. Dans ce sens, l'histoire de César est particulièrement exemplaire : elle illustre ces situations de la vie ordinaire, où personne ne demande rien pour un enfant dont les difficultés ne seront probablement reconnues que plus tard, à l'école, voire des années après, en analyse adulte.

Un travail quotidien d'observation et de réflexion est mené autour de la situation de chaque enfant, en posant en termes de relation de transfert ce qui se joue entre l'auxiliaire qui s'occupe de l'enfant et l'enfant lui-même, ainsi qu'entre les parents et l'auxiliaire qui s'occupe de leur enfant. L'aboutissement d'un tel effort, patient et sans relâche, est une prise en charge tout à fait personnalisée de chaque enfant, compte tenu des particularités de son histoire, de son contexte familial, et de sa manière à lui de réagir. Ainsi, chaque réponse faite à l'enfant ou au parent est pesée et réfléchie, et la plupart du temps nous poursuivons un objectif précis dans nos échanges avec l'enfant ainsi qu'avec les parents.

Dans le cas de César, rien n'est laissé au hasard dans l'organisation de la journée : compte tenu des difficultés que nous lui connaissons, par exemple, la consigne est de ne pas le laisser errer. Ainsi, les auxiliaires, à tour de rôle et en fonction de leur disponibilité, le prennent en permanence « sous leur aile protectrice » : en dehors des classiques « moments privilégiés », repas, change, endormissement, à la qualité desquels cependant nous veillons, César est toujours de la partie. Si l'auxiliaire doit quitter la pièce, prise par ses tâches quotidiennes – aller chercher des serviettes, ramener le chariot, ranger des couches –, elle invite César à l'aider, lui signifiant ainsi que sa présence lui est agréable : elle lui assure en permanence une place dans le désir de l'adulte, place que nous savons être si problématique pour César auprès de sa mère, qui se passe si bien de lui. De manière constante, il est attentivement écouté et encouragé dans ses diverses entreprises. Une telle « prise en charge » est le résultat de l'entrecroisement des observations directes de l'enfant en situation de vie, et de ce que la mère livre dans le lieu de parole qui lui est proposé par l'institution, en fonction de ses différentes demandes.

Dans le cas de César, il me semble que le portage psychique assuré par les auxiliaires au quotidien pendant les premières années de la vie de César n'aura pas eu pour résultat, en l'occurrence, de modifier la nature de la place qu'il occupait dans l'économie inconsciente de ses parents, tout aussi peu présents l'un que l'autre, mais lui aura permis, en revanche, de se construire et de devenir un sujet capable de penser son devenir.

Nous touchons là au cœur de l'enjeu de ce qu'on appelle un « substitut maternel » : en aucun cas il ne me semble qu'il s'agisse de se substituer à quelqu'un, avec tout le cortège de rivalité imaginaire que de telles situations charrient, mais de soutenir, au lieu de l'autre, un désir et une présence susceptibles de permettre au sujet de s'y appuyer pour se construire.

L'histoire de Léa, ou l'intolérance en question

Léa est le deuxième enfant d'un couple apparemment sans histoires. Sa sœur aînée, Christine, a été mise en crèche à l'âge de deux ans car aucun autre mode de garde n'avait convenu aux soins nécessités par son eczéma généralisé et ses multiples allergies. Les intolérances alimentaires ainsi que les lésions cutanées ont d'ailleurs rapidement régressé dès son arrivée. Après un an, malgré des hauts et des bas, elle a gagné du poids, son alimentation s'est diversifiée et sa peau ne garde que quelques traces de son état eczémateux initial. À trois ans elle a été admise en maternelle et un suivi psychologique de la mère et de Christine a été mis en place.

Pendant le séjour de Christine à la crèche, la mère a engagé une deuxième grossesse que nous n'apprenons qu'au septième mois – date limite pour la demande d'un mode de garde – tant elle est restée « invisible » chez une mère pourtant mince. Dès que celle-ci nous en informe, elle commence à se plaindre des multiples allergies de sa deuxième fille « qui se gratte déjà dans son ventre », ce qui l'incommode beaucoup. Elle prévoit déjà que Léa présentera les mêmes intolérances que sa sœur, mais « ce n'est pas grave, dit-elle, il suffira de faire pareil ». Voilà donc Léa ramenée au statut de clone, de pure duplication d'une histoire qui se répète déjà.

Dès la naissance, la mère demande une admission anticipée à la crèche, se sentant persécutée par l'obligation d'allaiter sa fille qui, en effet, présente une intolérance aux protéines de lait de vache. Cette intolérance, somme toute assez fréquente et banale chez de nombreux nouveau-nés, évolue chez la petite fille vers une poly-allergie alimentaire avec apparition d'une dermatite atopique sévère, une pathologie dermatologique classée psychosomatique. L'admission à la crèche est acceptée dès l'âge de deux mois, compte tenu des comportements inquiétants de la mère qui se plaint de la difficulté des repas à la maison, se montre incohérente dans la préparation des biberons

– trop ou pas assez de lait –, garde le fond des biberons – y compris de lait maternel –, se plaint du coût du lait de régime – alors que, on l'apprendra plus tard, il est pris en charge par l'hôpital –, ne donne pas à dîner à Léa sous prétexte qu'elle a bien goûté, etc.

À la crèche, Léa boit et progressivement mange – parfois même des aliments « interdits » piqués dans l'assiette des copains, sans conséquence majeure – alors que la menace de l'œdème de Quinck conduisait la mère au bord de la maltraitance. Sous l'œil vigilant de ses auxiliaires, sa peau ainsi que son appétit s'améliorent progressivement au cours de la semaine : les traitements dermatologiques sont consciencieusement appliqués, et ses possibilités alimentaires explorées et exploitées pour lui procurer un minimum de plaisir en s'alimentant. Par ailleurs, nous ne nous montrons pas avares en matière de manifestations de satisfaction quand elle mange, en lui montrant ostensiblement à quel point nous sommes ravies qu'elle prenne du plaisir à son tour !

Mais à chaque retour de week-end, tout est à recommencer : elle a reperdu du poids et sa peau est à nouveau très abîmée…

Ce rythme en dents de scie se maintient bon an mal an jusqu'à la fin de sa première année. Des entretiens réguliers proposés à la mère font apparaître un hiatus important entre ce qu'elle donne l'impression d'être capable d'entendre et la réalité de ce qui se passe avec sa fille. Tout en tenant des discours très adaptés, elle peut se montrer – tout comme le père d'ailleurs – d'une violence à peine supportable : coups de pied à la suite d'une hospitalisation pour une tentative – ratée – de réintroduction alimentaire, par exemple.

Entre douze et quinze mois, l'évolution de Léa devient inquiétante : même si à la crèche elle est une petite fille éveillée, curieuse et expressive, qui possède déjà un langage développé, sa croissance se bloque progressivement. À quatorze mois, une dénutrition sévère détermine son hospitalisation pour gavage continu dans un service spécialisé parisien, qui constate en outre un « état d'apathie impressionnant à l'admission ».

Je reçois les parents et évoque la possibilité que leur fille *refuse* de s'alimenter, en plus des difficultés d'intolérance qu'elle rencontre, et leur exprime mes réserves quant à une solution de gavage intégral, qui ne peut être que ponctuel et uniquement destiné à remettre en route la croissance. Les parents, soutenus par l'avis médical, refusent de m'entendre.

Léa fait à l'hôpital une intolérance à l'unique lait de régime qu'elle supportait – d'origine purement synthétique – avec lequel elle est gavée jour et nuit par voie parentérale[1].

L'enjeu vital est imminent.

1. Il y a, dans ce type de traitement, qui consiste à placer une sonde directement branchée à l'abdomen de l'enfant et reliée à une machine qui l'alimente, une ressemblance saisissante avec la situation fœtale.

Léa, séparée de ses parents, est envoyée en pouponnière sanitaire où une réalimentation par voie orale est tentée avec un succès modeste : son poids et sa taille restent très en dessous de la normale. En revanche, Léa sort de son état d'apathie, récupère une partie de sa gaieté et se remet à parler. Ses auxiliaires, qui lui ont rendu plusieurs fois visite pendant son séjour à la pouponnière, sont contentes de voir qu'à son retour à la crèche, Léa a retrouvé, malgré sa petite taille, la joie de vivre qu'elles lui avaient connue.

Léa a protégé son existence, au péril de sa survie, en refusant le rejet massif qui lui vient de sa mère et qui lui rend l'aliment intolérable – au sens propre. La dimension du don, essence de l'oralité, qui transforme en nourriture l'aliment, est absente du rapport des parents à Léa. Leur refus d'entendre la dimension symbolique du trouble au-delà de sa réalité matérielle a empêché, hélas, ses auxiliaires d'aider Léa plus loin. La suite de l'histoire de Léa et de celle de sa sœur a été complexe, et d'autres équipes soignantes et de protection de l'enfance ont dû s'y atteler.

11

Peut-on faire de la prévention ?

L'histoire de César, de Léa, comme d'ailleurs celle de Laura[1], sont exemplaires de ce que le travail d'accompagnement dans un lieu de vie peut accomplir et des limites qu'il rencontre : travailler depuis un lieu qui n'est pas un lieu de soins suppose de travailler en amont de la demande, et participer, si possible, à son élaboration. C'est poser la question de la prévention.

En matière de santé du corps, c'est une notion qui a depuis longtemps acquis ses lettres de noblesse. Par contre, l'idée même que l'on puisse faire de la prévention en matière de troubles psychiques peut paraître contestable. Ne dit-on pas en effet qu'il n'y a que dans l'après-coup que le symptôme s'articule et prend sens ? et que le symptôme doit être respecté, en ce qu'il porte une partie de la vérité du sujet ? et qu'aucune intervention n'est

1. Voir ci-dessus, au chapitre 8, p. 103 *sq*.

possible sans qu'il y ait demande, toute tentative de la devancer étant intrusive et vouée à l'échec ?

Avant d'aller plus loin dans cette délicate matière et soutenir qu'il est non seulement possible mais souhaitable de faire de la prévention dans les lieux de vie (crèches, pouponnières, familles d'accueil, centres maternels), je voudrais dire comment il me semble possible de respecter ces différentes objections, toutes issues de la théorie psychanalytique, sans que pour autant elles deviennent de véritables obstacles.

Serait-ce anticiper l'apparition d'un symptôme ?

La conception freudienne de l'après-coup vient d'abord interdire une interprétation sommaire qui réduirait la conception psychanalytique de l'histoire du sujet à un déterminisme linéaire envisageant uniquement l'action du passé sur le présent. Dans une telle perspective, qui réduirait au passé infantile l'ensemble des actions et des désirs humains, tout se jouerait dans les premiers mois de la vie, voire dans la vie intra-utérine… ce que certains ne manquent pas de prôner.

Or, la position freudienne est beaucoup plus nuancée. Elle postule d'abord que ce n'est pas tout le vécu qui est remanié après coup, mais seulement les éléments qui n'ont pas pu être rattachés à une signifiance : elle nomme là l'événement traumatique. Elle soutient ensuite que cet événement resté hors sens sera remanié à la suite d'un deuxième qui n'aura avec le premier que certaines ressemblances ou analogies, survenu après une maturation ou un changement de circonstances, qui permettent au sujet d'accéder à de nouvelles significations.

Dans cette perspective, c'est seulement le deuxième événement qui donne au premier sa valeur pathogène : « Un souvenir est refoulé, qui n'est devenu traumatique qu'après coup[1]. » Dans l'analyse que donne Freud du rêve de l'homme aux loups[2], il insiste sur son rapport avec la scène primitive : l'homme aux loups ne comprit le coït « qu'à l'époque du rêve, à quatre ans, et non à l'époque où il l'observa. À un an et demi, il recueillit des impressions qu'il put comprendre après coup, à l'époque du rêve, grâce à son développement », c'est-à-dire à l'apparition de ses propres sensations sexuelles. Ainsi, c'est le rêve qui confère rétroactivement à la scène primitive son efficacité.

L'idée que ce n'est pas à la première rencontre du sujet avec un événement que le trauma se produit, et qu'il faut une deuxième rencontre, un deuxième événement, à la faveur duquel le premier prendra sens et le symptôme s'organisera rétroactivement me semble applicable non seulement à la question traumatique, mais à la question du symptôme tout court. Voilà qui me paraît

1. S. Freud, *Naissance de la psychanalyse*, PUF, 1986, p. 129.
2. S. Freud, « L'homme aux loups », in *Cinq psychanalyses*, PUF, 1973.

susceptible d'éclairer la notion très à la mode de « résilience[1] », qui exprime le fait, d'expérience commune, que les sujets traversent très différemment les épreuves de la vie : certains sortent indemnes de situations apocalyptiques alors que des parcours de vie très ordinaires peuvent cacher de grandes souffrances subjectives. Si le sujet est capable de trouver en lui les ressources subjectives lui permettant de se construire ou de se reconstruire dans les pires circonstances, nous pouvons penser qu'il est dans le temps un du trauma, celui de la première rencontre qui n'inscrit pas le symptôme. Par contre, ceux qui semblent faire naufrage dans le mince filet d'eau d'une existence ordinaire sont nécessairement dans le temps deux, même si le temps un nous échappe complètement.

Une telle approche est intéressante parce qu'elle permet de dire qu'il n'est pas possible d'anticiper la manière dont l'événement – selon qu'il soit premier ou second – sera traité par le sujet, c'est-à-dire que nous ne savons jamais d'avance ce qu'un événement déclenchera chez un sujet donné.

Ce n'est donc pas comme une anticipation par rapport à l'apparition d'un symptôme qu'il est possible de penser, en termes psychiques, la question de la prévention. Si l'on cédait à une telle tentation, il faudrait adopter une position psychologisante et normative à partir de laquelle nous

1. Boris Cyrulnik propose cette notion dans de nombreuses publications, entre autres *Les Vilains Petits Canards*, O. Jacob, 2001.

pourrions savoir anticiper, en référence forcément à une norme, ce qui est supportable et ce qui ne l'est pas, avant même que le sujet ait eu le temps d'articuler sa propre réponse. En revanche, une écoute attentive permet simplement d'aménager aussitôt une place pour la signifiance que prend tel événement pour tel sujet : nous sommes alors installés au moment où quelque chose se noue pour le sujet, c'est-à-dire au temps deux.

Prenons, par exemple, la maman de Raphaël, qui a souffert de difficultés anorexiques dans son adolescence. Le fait de devoir nourrir Raphaël la confrontera nécessairement à un rapport complexe pour elle, se nourrir/être nourri, depuis la place de la mère qu'elle est devenue. L'expérience de Raphaël, bien que temps un pour lui, vient alors largement en temps deux dans l'échange avec sa mère.

Notre travail avec l'équipe de la crèche, qui accompagne la maman dans cette aventure, sera de sensibiliser les auxiliaires à la complexité de la situation, sans pour autant savoir d'avance ce que cela va faire à Raphaël et à sa maman. Leur éviter, par exemple, d'être d'avance persuadés que cela n'ira pas, ou au contraire que ce n'est pas grave, que ça ira, dans une sorte de dénégation. Si nous savons suspendre nos anticipations, par définition clôturantes, nous avons alors une chance d'entendre ce qui va se nouer.

Pourquoi peut-on prétendre qu'il s'agit là d'un accompagnement de prévention ? D'abord parce que l'écoute implique que l'on ne sache pas d'avance ce qui va se produire, mais que nous soyons prêts à l'entendre, ce qui ouvre un espace de liberté pour le sujet. Et ensuite, parce que si, par exemple, des difficultés apparaissent effectivement au niveau alimentaire pour Raphaël, ce qui compte c'est que nous soyons là, à portée de la mère, de façon à ce qu'elle puisse venir nous trouver pour nous en faire part.

La position d'écoute de l'équipe comporte à la fois une *implication subjective* et une *non-intrusivité* que certains professionnels savent intuitivement très bien adopter, mais pas tous. C'est la raison pour laquelle la position d'écoute doit toujours être travaillée en équipe, dans des réunions cliniques où les professionnels peuvent déposer ce qu'ils entendent. C'est probablement dans la possibilité – et la capacité ! – à participer à une telle réflexion, que la qualité du travail d'accompagnement d'une équipe d'accueil se joue, que ce soit dans une crèche, une pouponnière, au sein d'une famille d'accueil, ou encore en centre maternel.

Serait-ce faire disparaître le symptôme ?

De manière souvent caricaturée, la psychanalyse défend l'idée que l'approche du symptôme doit être respectueuse et non normative, c'est-à-dire ne cherche pas à tout prix à le faire disparaître, tout en considérant que, si le sujet s'en débarrasse, cela ira mieux pour lui.

Ce paradoxe n'est qu'apparent, car il s'appuie sur l'idée que le symptôme est bâti de manière telle qu'il comporte à la fois une impasse pour le sujet et un *dire* qui autrement reste indicible pour lui.

Reprenons notre exemple de Raphaël et de sa maman : le fait de ne pas s'alimenter correctement est manifestement une impasse pour lui, et en même temps ce symptôme est la seule manière que sa mère et lui-même ont trouvée pour évoquer ce chapitre douloureux de leur histoire. Ce n'est pas simple, en effet, de devoir occuper la place de la mère qui nourrit lorsqu'on a été soi-même une jeune fille anorexique, dans une relation complexe avec sa propre mère. La maman d'ailleurs témoignait volontiers de sa difficulté à savoir si c'était bien, si ce n'était pas trop, s'il voulait bien et si elle ne le forçait pas. Raphaël était de ce fait littéralement pris dans une chaîne signifiante qui n'était pas la sienne, et c'est à ce titre-là que parfois l'on peut dire qu'un enfant est le symptôme de ses parents.

Dans cette situation – bien qu'il soit difficile de savoir quel est le symptôme que l'on voudrait voir disparaître –, nous étions tous d'accord – la mère y compris – sur le fait que nous préférerions que Raphaël puisse tranquillement manger à sa faim.

Pour cela, deux possibilités s'ouvraient à nous : d'une part, ouvrir un espace de parole où Raphaël et sa maman trouveraient le moyen de dire autrement ce qu'ils avaient à dire et, d'autre part, proposer à Raphaël une expérience nourricière alternative. Ces deux réponses sont complémentaires, mais l'une et l'autre ont leur potentialité thérapeutique propre.

Prenons d'abord l'exemple de l'espace de parole : cela revient à dire que l'espace d'écoute que nous avons évoqué plus haut doit accueillir le dire de la mère et celui de Raphaël, leur permettant de saisir ce dans quoi ils sont tous les deux pris : que le bébé que Raphaël incarne pour sa mère, c'est la mère elle-même bébé face à sa propre mère… L'expérience prouve que, lorsque c'est possible, avec une écoute attentive et bienveillante, le bébé peut être dégagé de la place d'être le support de ce dire, et la mère peut enfin s'en aller travailler sa question ailleurs.

La deuxième réponse vise à proposer à Raphaël, pendant le temps où il est accueilli à la crèche, une autre expérience. Le fait qu'il refuse de finir son biberon, par exemple, n'angoissera pas du tout son auxiliaire qui pourra même lui dire, en faisant allusion implicitement aux projections maternelles probables : « Ah ! tu n'as plus faim, donc ! Eh bien, moi je croyais que tu avais encore faim, mais c'est toi qui sais, c'est à toi de me le dire ! » Si cette réponse est faite avec humour et bienveillance, elle permettra à Raphaël de faire l'expérience que son petit appétit n'est pas toujours vécu comme un renvoi automatique à une expérience traumatique, que cela peut être simplement qu'il n'a plus faim…

Ces « expériences alternatives » – qui peuvent être soigneusement travaillées et mises en place avec les équipes, de crèche, de pouponnière ou même des familles d'accueil si elles l'acceptent, et on leur en donne la possibilité – sont réglées en fonction de la connaissance et de la compréhension que l'on a du fonctionnement du lien primordial de l'enfant. Elles peuvent se révéler précieuses surtout lorsque le parent, pour quelque raison que ce soit (absence physique ou défaillance psychique), semble hors de portée de toute modification possible de son propre comportement.

Elles requièrent un travail clinique permanent pour les professionnels, pour pouvoir se mettre à cette place qui articule des réponses différentes ou accueille un dire sans trop vite l'interpréter ou s'en défendre.

Serait-ce permettre l'élaboration de la demande ?

La prévention ne consiste pas à devancer une demande, mais à permettre son élaboration : tout un programme !

La question de la demande – et surtout de l'*absence de demande* – des familles en difficulté est un sujet de préoccupation majeur des équipes d'accompagnement.

Car en effet, pour venir en aide à un bébé qui rencontre des difficultés, elles ont besoin que ses parents leur demandent *quelque chose* – et bien souvent on s'aperçoit que ce sont les professionnels, ou l'entourage au sens large (les grands-parents), voire le médecin traitant, qui s'inquiètent à propos de tel ou tel comportement de l'enfant, alors que les parents ne semblent pas se mobiliser.

Dans le premier cas, le *quelque chose* qui préoccupe les parents peut être très différent de ce que l'équipe perçoit du problème. Dans le deuxième, la question est posée de l'extérieur, énoncée par les autres et, de ce fait, les parents la vivant comme intrusive et persécutrice ne voient pas l'utilité d'une intervention.

Vient alors ce temps difficile que j'appelle d'*élaboration de la demande*, qui correspond en fait à une subjectivation de la question par les parents. Dans ce cas, l'objectif de la relation d'accompagnement est que les parents s'approprient l'inquiétude à leur manière et deviennent désireux d'en savoir plus.

Prenons une situation fréquente en crèche : aux moments de transmission (matin et soir), la maman de Thomas se plaint de ce qu'il « ne prend pas bien » le biberon. L'état de Thomas n'inquiète pas particulièrement ses auxiliaires, car non seulement il mange bien dans la journée, mais il semble trouver son compte malgré la plainte de la mère. Elles font alors ce qu'elles savent très bien faire : référer en équipe afin d'évaluer l'état du bébé, écarter toute inquiétude par rapport à des symptômes apparents évoquant d'autres affections possibles, et donner ensuite des conseils à la maman, le plus souvent de nature à laisser le bébé régler librement son appétit, en lui expliquant qu'il n'y a pas d'inquiétude à avoir, et qu'« il ne se laissera sans doute pas mourir de faim ».

L'équipe se met ensuite à l'écoute pour voir comment cela va évoluer.

La maman de Thomas se sent rassurée par l'attention dont son inquiétude a fait l'objet, elle arrive alors à supporter l'appétit variable de Thomas sans trop d'angoisse, et Thomas se remet tout doucement à manger. La maman – et toute l'équipe – sont satisfaites.

En revanche, il peut arriver parfois qu'il n'y ait pas d'amélioration, que le symptôme persiste, que la mère n'arrive pas à supporter le refus du bébé : son angoisse augmente et l'angoisse de l'équipe augmente aussi. Au bout d'un moment, force est d'admettre que nous sommes dans une impasse : pour une raison qui nous échappe, quel que soit le bien-fondé des conseils donnés, la mère se révèle incapable de les suivre. À partir de là, il semble important d'ouvrir un espace de parole, qui tient compte de ce qui se passe pour elle – son angoisse, aussi irrationnelle soit-elle –, et si nous écoutons ce qu'elle a à dire, nous pourrons peut-être entendre ce que j'appelle la *vérité des mamans* qui, bien entendu, ne recoupe jamais une vérité scientifique, et pour cause, sinon ce seraient les professionnels qui la connaîtraient !

Si réellement nous avons été assez humbles et respectueux, les mères seront capables de nous dire des choses surprenantes, bien que parfois difficiles à entendre, car elles peuvent heurter nos conceptions rationnelles. Souvent, dans ces circonstances, elles nous apprennent que leur inquiétude se fonde sur une croyance, un événement survenu dans la famille – bébé perdu, ou souffrant dans l'entourage – ou encore tel ou tel épisode de leur propre enfance qu'elles s'attendent à voir revenir comme une fatalité du destin.

Il est alors très important d'éviter de :

– banaliser (ce n'est rien, ça n'a pas d'importance, ça arrive à tout le monde, etc.) ;

– disqualifier (ce n'est pas ça, vous voyez bien que ça n'a absolument rien à voir) ;

– interpréter (c'est à cause de cela que votre bébé ne mange pas),

car cela risquerait de figer la croyance maternelle en la transformant en une vérité.

En somme, il est important de se limiter à accueillir avec bienveillance le savoir de la mère, et de se mettre à observer comment la difficulté va évoluer.

Parfois, d'une façon qui a l'air un peu magique, cela marche : la mère ne sait pas dire pourquoi, mais elle va mieux, elle se sent soulagée, le bébé mange ou dort mieux – ou encore, même si la difficulté persiste, elle lui semble moins importante : il y a eu sinon sédation du symptôme, du moins sédation de l'angoisse maternelle.

Malgré les apparences, cela n'a rien de magique. Ce qui s'est probablement produit, c'est que le bébé qui inquiétait la mère n'était pas le bébé du présent, celui dont nous nous occupons aujourd'hui. C'est un bébé du passé, souvent la mère elle-même enfant, et elle devient, en quelque sorte, capable de le voir. C'est ce que j'ai l'habitude d'appeler un *décollage imaginaire*. C'est la représentation inconsciente projetée par la mère qui a été modifiée, et le bébé du présent peut devenir lui-même.

> Selma est une superbe petite fille de quinze mois, fort vive et éveillée. Sa mère, d'origine marocaine, a décidé que sa fille ne subirait pas la même éducation autoritaire qu'elle a elle-même subie dans son enfance. Elle s'interpose entre Selma et son père qui tente vainement de la mettre au pas. Le résultat est que Selma ne reconnaît aucune limite, ce qui ne tarde pas à lui créer des difficultés dans la section. Cependant, tout raisonnement concernant des limites à donner à Selma reste inaudible pour cette mère. Tous les efforts déployés par les auxiliaires pour faire entendre à la maman que Selma dépasse toutes les bornes, se mettant en péril et détournant la règle de vie collective, restent infructueux.

En désespoir de cause, et en panne d'arguments, les auxiliaires se décident enfin à écouter cette mère, pour essayer d'entendre ce qui se passe pour elle : à ce moment-là, ce qu'elles apprennent, c'est qu'en effet, pour la maman de Selma, sa fille jouit d'une liberté enviable, voilà tout ! Et, surtout, que cette liberté est précisément celle dont elle-même a tant manqué, et qu'elle a si longuement convoitée ! Elle parle avec ravissement de l'enfance de Selma, la comparant à la sévérité de l'éducation qu'elle a elle-même reçue, et l'on sent véritablement que cette mère prend là une revanche sur son passé.

L'accompagnement de l'équipe de la crèche lui permet, une fois qu'elle a été entendue, d'entendre à son tour que la liberté, même quand on l'a, n'est jamais totale. Des limites raisonnables et partagées deviennent possibles et, petit à petit, Selma peut se socialiser, tout en restant libre comme le souhaitait sa maman.

Nous voyons bien ici que le danger était qu'un dialogue de sourds s'instaure entre la mère et l'équipe, se traduisant par une impasse et bientôt par un rejet du groupe. Le fait que les auxiliaires puissent entendre ce qu'avait de légitime le désir de cette mère pour sa fille, même s'il était excessif, les a rendues plus tolérantes vis-à-vis du comportement de Selma. Cette tolérance a amené la mère de Selma à pouvoir progressivement entendre le bien-fondé des exigences des auxiliaires.

Le travail dans les institutions de la petite enfance

D'une manière générale, le champ d'action d'une approche analytique de la clinique de la première enfance auprès des équipes des professionnels qui peuplent les institutions est immense.

Un des enseignements fondamentaux que je tire de mon parcours est que le savoir spécifique du thérapeute est extrapolable dans des situations hors cadre de la cure classique, et qu'il peut être mis à disposition des personnels médicaux et éducatifs qui entourent les enfants dans les différentes institutions.

Hormis les interventions légères et rapides, en clinique tout-venant, déclenchées à partir de signes très discrets et avec la complicité des équipes de crèche par exemple, et qui obtiennent la plupart du temps des résultats rapides et satisfaisants, il y a des formes multiples de prise en charge indirectes ou institutionnelles qu'il est possible de mettre en place ou de promouvoir.

En effet, une des pratiques les plus courantes est de travailler avec un professionnel qui s'occupe de l'enfant au quotidien, comme on l'a vu tout au long de ces pages, et qui représente l'articulation équipe de crèche/psychologue.

Ce dispositif, que j'appelle « par personne interposée » – car parfois je ne rencontre jamais la famille –, consiste dans un travail de réflexion régulier accompli lors de réunions cliniques, qui vise à analyser ce qui se joue entre le professionnel et l'enfant et sa famille. Lors de ces réunions, nous tentons de dégager une conduite à tenir pour le professionnel ou, du moins, de lui permettre de surplomber la situation en ayant une représentation de la place qu'il occupe dans la difficulté qu'il accompagne.

Ce dispositif, que j'ai ici longuement décrit dans l'espace de la crèche, peut s'appliquer aux institutions les plus variées. Il demande peu de moyens supplémentaires mais surtout un état d'esprit : que la réflexion sur la pratique fasse partie des obligations de service ! La conviction du responsable de service et sa capacité à soutenir ce dispositif seront toujours décisives dans l'engagement d'une équipe dans cette voie.

Si c'est le cas, ce dispositif permet à un seul psychologue de venir en aide à de nombreux enfants, qu'ils soient accueillis en crèche, pouponnière, service hospitalier, ou encore, en compagnie de sa mère, en centre maternel par exemple.

Pour conclure, je voudrais souligner que les écoles maternelles, qui sont de plus en plus sollicitées pour accueillir des enfants de plus en plus jeunes[1], le sont avec des enseignants que leur formation ne prépare pas forcément à aborder la place qu'ils sont pourtant appelés à occuper. Là aussi, des liens fonctionnels entre équipes pédagogiques et équipes soignantes deviennent de plus en plus indispensables, et il faut déployer des trésors d'imagination pour voir comment aménager ces espaces de réflexion. Ce qui reste crucial, c'est de savoir aller à la rencontre de ses partenaires...

1. Depuis quelques années, la scolarisation des enfants commence de plus en plus souvent dès l'âge de deux ans.

Remerciements

Ce livre retrace une expérience de travail d'une vingtaine d'années en crèche, en tant que psychologue clinicienne, dans divers établissements de Paris et de la région parisienne, où j'ai successivement travaillé, et d'où la plupart des exemples cliniques évoqués sont tirés.

Il s'adresse aux professionnels de la petite enfance, ceux avec qui j'ai eu le plaisir de travailler, en remerciement de tout ce qu'ils m'ont appris, et à ceux à qui je souhaiterais transmettre ces expériences et ces réflexions, en espérant qu'elles contribueront à les soutenir dans la tâche difficile qui est la leur : apprendre à être avec les enfants qui leur sont confiés.

Je voudrais tout particulièrement remercier l'équipe de la crèche municipale Charles-Perrault de Maisons-Alfort et sa directrice, Mme M.A. Senez, pour notre longue collaboration, tout au long de laquelle ce travail patient et silencieux a été mis au service des enfants accueillis et de leurs parents.

Je voudrais aussi remercier toutes les équipes des autres lieux où j'ai travaillé, parfois peu de temps, mais où je me suis toujours enrichie d'expériences que je n'ai pas manqué d'évoquer.

Je remercie aussi mes enfants, Clémence et Pierre, de leur indulgence pour le temps que je leur ai volé,

Marc-André, mon compagnon, pour sa présence et son écoute,

Yvette Lombard, qui m'a fait bénéficier de sa bienveillante expérience,

ils ont tous deux patiemment relu le texte, et chaque passage porte la marque de leurs observations attentives et pertinentes.

Je remercie enfin le Dr Myriam Szejer, sans la confiance de qui ce livre n'aurait jamais vu le jour.

Table

« La Cause des bébés »

Fondée en octobre 1995 par des professionnels d'horizons divers (psychanalystes, gynécologues, sages-femmes, pédiatres, chercheurs, pédopsychiatres, haptothérapeutes, etc.) qui, tous, se sentent concernés par l'accueil fait au nourrisson, l'association « La Cause des bébés » a pour objectif de développer une connaissance toujours plus approfondie de la sensorialité et de la sensibilité du fœtus jusqu'à la naissance, puis du bébé dès sa venue au monde. Par la diffusion de ces connaissances, elle entend œuvrer pour que soit faite à l'enfant la place d'être humain à part entière qui lui revient, autrement dit pour qu'il soit traité, non comme un objet virtuel, quantifiable et mesurable, mais avec le respect dû à sa dignité de sujet.

Dans la même collection

Où commence la violence ?
Pour une prévention chez le tout-petit
Danielle Dalloz

La magie du nouveau-né
Dr Marshall Klaus et Phyllis Klaus

Carnets d'une obstétricienne
Dr Evelyne Petroff

Des bébés et des hommes. Tradition et modernité des soins aux tout-petits
Catherine Rollet et Marie-France Morel

Les femmes et les bébés d'abord.
Pour une médicalisation raisonnée de la maternité
Myriam Szejer et Francine Dauphin

Le bébé face à l'abandon, le bébé face à l'adoption
sous la direction de Myriam Szejer

Le bébé et les ruptures
sous la direction de Caroline Eliacheff et Myriam Szejer

Naître... et naître encore
Texte de Louise L. Lambrichs sur des photos de Sarah Ney

Bébé rentre à la maison
Alice Neumann, avec Isabelle Thomas

La naissance en Occident
Paul Cesbron et Yvonne Knibiehler

À sa santé ? Pour une prise de conscience des dangers de l'alcool pendant la grossesse
Dr Maurice Titran et Laure Gratias

et pour les enfants

Moi, je connais bien les bébés
Myriam Szejer et Monique Czernicki

Composition Nord Compo
Impression : Imprimerie Floch, janvier 2006
Éditions Albin Michel
22, rue Huyghens, 75014 Paris
www.albin-michel.fr
ISBN 2-226-17080-4
N° d'édition : 24011. – N° d'impression : 64672
Dépôt légal : février 2006
Imprimé en France